Rund ums Baby

Rund ums Baby

Spielzeug, Kuschelkleidung und Accessoires zum Selbermachen

Alison Jenkins

Parragon

Bath · New York · Singapore · Hong Kong · Cologne · Delhi · Melbourne

Entwurf und Realisation dieser Ausgabe: Bridgewater Book Company Ltd

Fotos: Simon Punter

Stylist: Isabel de Cordova

Models: Tabitha Kitch, Finlay Warner und Kazuo Williams

Parragon Books Ltd

Queen Street House

4 Queen Street

Bath BA1 1HE, UK

Übersetzung: Anke Wellner-Kempf, Jetzendorf

Lektorat: Anna Loll, Köln

Redaktion & Satz: trans texas publishing, Köln

ISBN 978-1-4075-0460-5

Printed in China

Inhalt

Einführung

Der Anfang

Ein Baby – welch ein Glück! Jeder freut sich auf das neue Familienmitglied, aber wer das erste Mal Eltern wird, hat mitunter das Gefühl, dass die Monate vor der Geburt nicht enden wollen. Während der Schwangerschaft ist der Nestbauinstinkt besonders ausgeprägt. Wundern Sie sich nicht, wenn Sie nicht nur das Zimmer für Ihr Baby einrichten – was ja notwendig ist –, sondern auch ständig die Küchenschränke umräumen oder die Möbel verrücken. Mit den Ideen in diesem Buch können Sie Ihre Energie kreativ umsetzen. Nutzen Sie die Zeit, denn: Ist das Baby erst da, werden Sie vollauf beschäftigt sein.

Kreatives fürs Baby

★ Die vier Kapitel dieses Buchs enthalten 32 Ideen mit Schritt-für-Schritt-Anleitungen für praktische und dekorative Geschenke, Kleidung und Spielsachen. Manche Projekte, wie der Lampenschirm oder das Mobile, sind einfach und schnell fertigzustellen. Andere, wie der schöne Quilt, sind etwas aufwendiger.

Vielleicht möchten Sie für Ihr eigenes Baby etwas anfertigen oder einer Freundin oder Verwandten eine Freude machen. Ein handgefertigtes Geschenk ist immer etwas Besonderes, denn es zeigt, dass man sehr viel Mühe und Zeit investiert hat. Es ist persönlich, einmalig und vor allem mit Liebe gemacht – und das ist nicht mit Geld und Gold aufzuwiegen.

Vom Nähen bis zum Arbeiten mit Holz kommen verschiedene Techniken zum Einsatz, aber keine Angst: Sie müssen kein Profi sein! Befolgen Sie einfach die Anleitungen, und lassen Sie sich Zeit. Vielleicht fertigen Sie ja ein zukünftiges Familienerbstück, das von Ihren Kindern wie ein Schatz gehütet und noch an viele nachfolgende Generationen vererbt wird.

Grundausstattung

★ Für die meisten Projekte benötigen Sie keine spezielle Ausrüstung. Wenn Sie ab und an nähen, sticken, stricken oder malen, haben Sie vermutlich schon alles Notwendige daheim. Lesen Sie die Listen auf der Seite gegenüber. Für die meisten Projekte reichen die normalen Haushaltsgeräte wie Nähmaschine und Dampfbügeleisen aus. Nur für zwei Projekte benötigen Sie eine elektrische Bohrmaschine und eine Laubsäge. Wenn Sie diese nicht besitzen, können Sie sie vielleicht von Freunden leihen. Was Sie für die Projekte benötigen, ist jeweils unter „Material" aufgelistet. Prüfen Sie diese Liste stets vorab, und besorgen Sie sich alles Fehlende, bevor Sie beginnen.

ELEKTRISCHE GERÄTE

★ Nähmaschine

★ elektrische Bohrmaschine und Schraubbohrer mit Bit- und Bohrersortiment

★ Laubsäge mit Sägeblättern für gerade Schnitte und Kurvenschnitte

★ Dampfbügeleisen

VERSCHIEDENE MATERIALIEN

★ Stoffe

★ Filz

★ doppelseitig klebendes Vlies

★ Bügelvlies

★ Moosgummi

★ Bänder

★ Kordeln

★ Schnittmusterpapier

★ Transparentpapier

★ Acetatfolie für Schablonen

★ dicker Karton

★ Plakafarbe

★ Acrylfarbe

★ klarer Acryllack

★ Holzspachtelmasse

NÄHMATERIAL

★ Stoffschere

★ kleine Stickschere

★ Papierschere

★ Bastelmesser (Cutter)

★ Schneiderkreide

★ Näh- und Sticknadeln

★ Stecknadeln

★ Sicherheitsnadel

★ verschiedenfarbige Nähgarne

★ Stickseide

Maßband

★ Lineal

KLEBSTOFFE

★ doppelseitiges Klebeband

★ Kreppklebeband

★ ablösbares Kreppklebeband

★ Schablonen-Sprühkleber

★ Sprühkleber für korrigierbare Verklebungen

★ starker Bastelkleber

★ Holzkleber

★ Stoffkleber

FÜR KLEINE HANDWERKSARBEITEN

★ Bleistift

★ Lineal

★ Schraubenzieher

★ Hefter

★ Lochstanzer

★ Pinsel

★ Künstlerpinsel

★ Stupfpinsel

★ kleine Metallsäge

★ Messerspachtel

★ Spitzzange

SICHERHEITSHINWEIS

Scharfe und spitze Gegenstände, Elektrogeräte, Farben, Kleber und anderes Bastelmaterial, an dem sich Babys oder Kleinkinder verletzen können, sollten stets vorsichtig eingesetzt und unerreichbar für neugierige Kinderhände aufbewahrt werden! Prüfen Sie stets, ob Sie alle Nadeln oder Ähnliches aus Ihrer Arbeit entfernt haben, bevor Sie sie einem Kind geben.

Vorbereitung

★ Alle 32 Projekte werden in sechs Schritten anschaulich erklärt. Für die meisten gibt es auf den letzten Seiten dieses Buchs Vorlagen zum Abpausen oder Kopieren. Manche Vorlagen werden mithife eines Kopierers vergrößert. Für alle Vorlagen ist angegeben, wie oft, in welcher Farbe und in welchem Stoff sie benötigt werden. Die Stoffmaße beziehen sich auf Stoffbahnen von mindestens 1,5 m Breite. Achten Sie darauf, dass Sie alle Linien auf Ihre Vorlage übertragen, bevor Sie Ihre Materialstücke zuschneiden. Die verwendeten Farben und Materialien sind lediglich Vorschläge – wählen Sie Variationen nach Ihrem eigenen Geschmack.

Nähtechniken

Einfache Nähte

★ Immer wenn zwei Stoffstücke zusammengenäht werden, werden einfache Steppnähte verwendet. Kleinere Teile können von Hand genäht werden, eine Nähmaschine arbeitet jedoch schneller und feiner. Die meisten Anleitungen geben eine Nahtzugabe an. Ist dies nicht der Fall, rechnen Sie 1,5 cm hinzu.

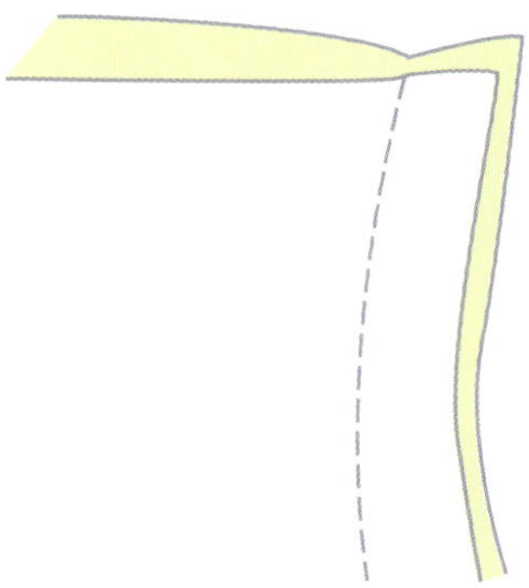

1 Die Stoffteile rechts auf rechts aufeinanderlegen und fest zusammenstecken oder -heften. In 1,5 cm Abstand zur Stoffkante nähen.

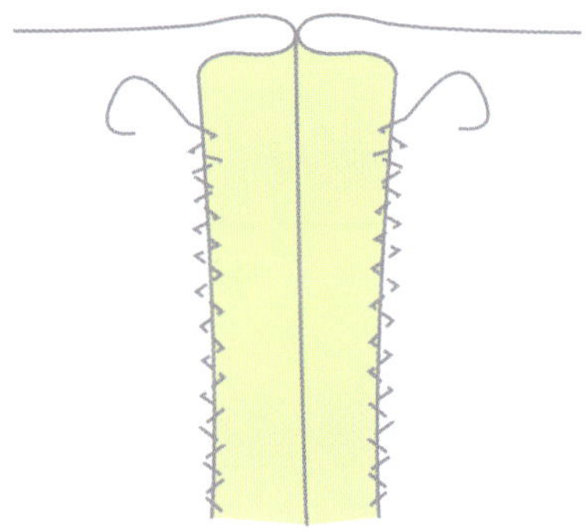

2 Die Stoffkanten wie angegeben versäubern. Ist nichts angegeben, die Kanten mit Zickzackstich versäubern und mit einem Dampfbügeleisen anbügeln.

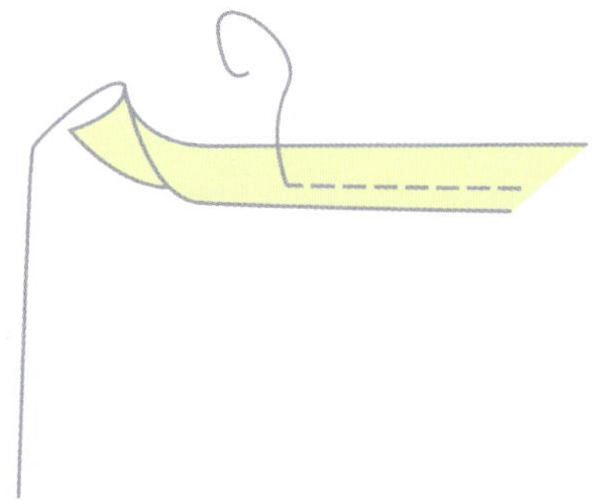

Säume

★ Ein Saum ist eine zweifach eingeschlagene Stoffkante. Den Saum nach den angegebenen Maßen abmessen, einschlagen und dicht an der ersten Faltkante annähen.

1 Die Stoffkante einmal umschlagen, feststecken oder -heften, dann ein zweites Mal einschlagen.

2 Dicht an der ersten Faltkante feststeppen.

Tunnel

★ Ein Tunnel wird durch zwei Stoffschichten genäht. Danach wird eine Kordel oder ein Gummi hindurchgezogen. Er kann wie ein Saum entlang einer Stoffkante oder unterhalb der oberen Stoffkante verlaufen, sodass der Stoff oberhalb des Tunnels gerüscht wird.

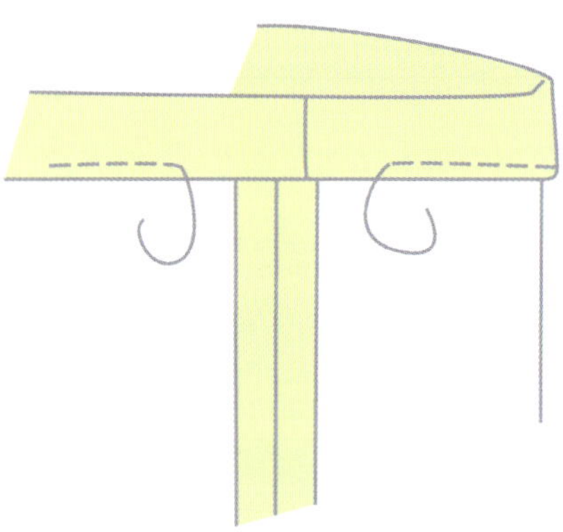

1 Dieser Tunnel ist ein doppelt gelegter Saum, der an der Stoffkante mit einer einfachen Naht angenäht ist.

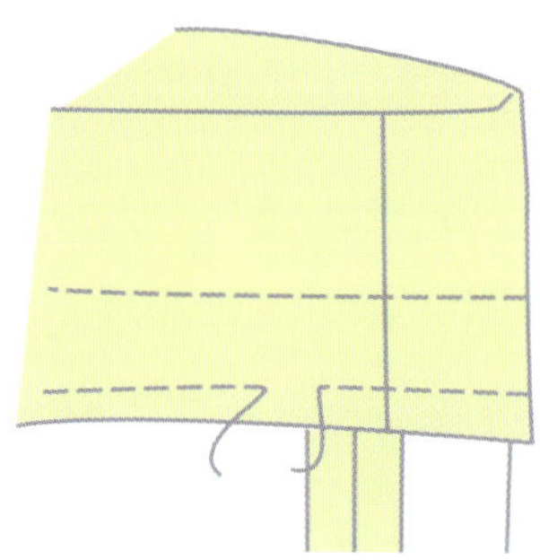

2 Hier werden zwei parallele Nähte etwas unterhalb der Stoffkante durch beide Stofflagen genäht. Für die untere Steppnaht wird der Stoff doppelt eingeschlagen, um so die Stoffkante zu versäubern.

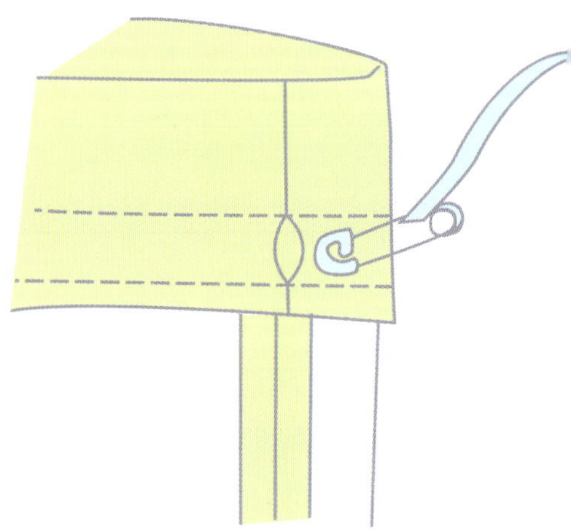

3 Ist der Tunnel aufgenäht, werden einige Stiche der Naht aufgetrennt, die längs zum Tunnel verlaufen. Das Gummiband oder die Kordel auf eine Sicherheitsnadel stecken und durch den Tunnel fädeln.

Raffen

★ Raffstiche werden eingesetzt, um die Breite eines Stoffstücks zu reduzieren, sodass es an ein schmaleres Stück angesetzt werden kann. Meist dient die Raffung der Zierde.

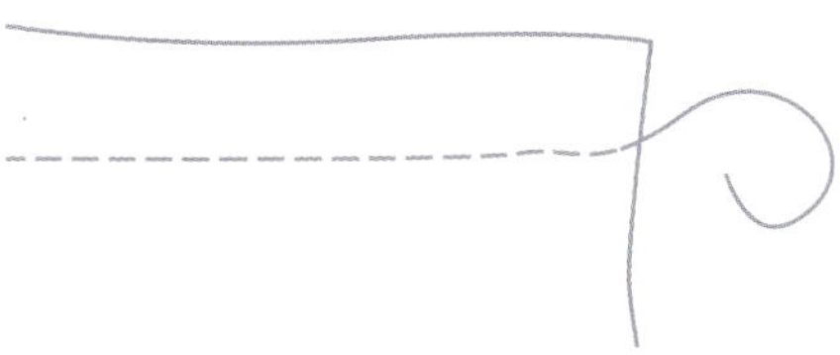

1 Von Hand mit weiten Heftstichen über den zu raffenden Stoff (oder mit der Maschine Stiche in der größten Stichlänge) nähen. Ein Ende fixieren, das andere lassen.

2 Den Faden anziehen, um den Stoff zu raffen. An das schmalere Teil stecken, heften und nähen, sodass die Stoffkanten rechts auf rechts aufeinanderliegen.

Absteppen

★ Nachdem ein Projekt genäht, auf rechts gewendet und gebügelt wurde, kann durch Absteppen eine Naht aufgenäht werden, die dekorativ ist und den Stoff flach an der Naht hält. Einfach mit der Maschine nahe der Kante eine einfache, manchmal auch eine doppelte Naht nähen, mit farblich passendem oder kontrastfarbenem Garn.

Kurven, Ecken und Spitzen

★ Nach dem Zusammennähen zweier Stofflagen werden die Teile oft nach rechts gewendet. Wenn das Teil Ecken, Spitzen oder runde Nähte hat, muss die Nahtzugabe zurück- oder eingeschnitten werden, damit der Stoff auf der rechten Seite keine Falten wirft.

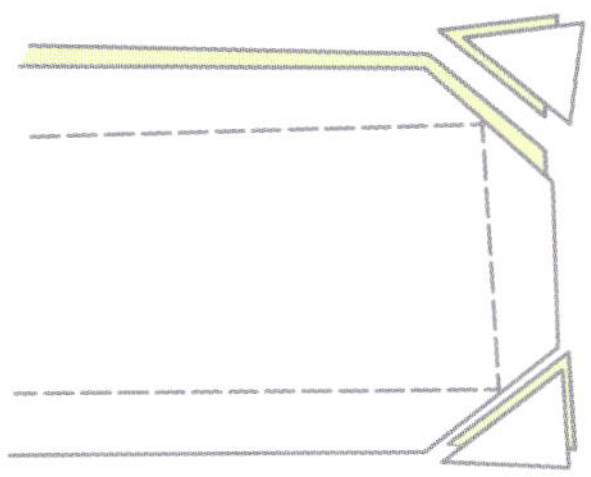

1 Bei einer Ecke oder Spitze die Nahtzugabe diagonal abschneiden, bevor das Teil gewendet wird – so liegt die Nahtzugabe später innen schmaler.

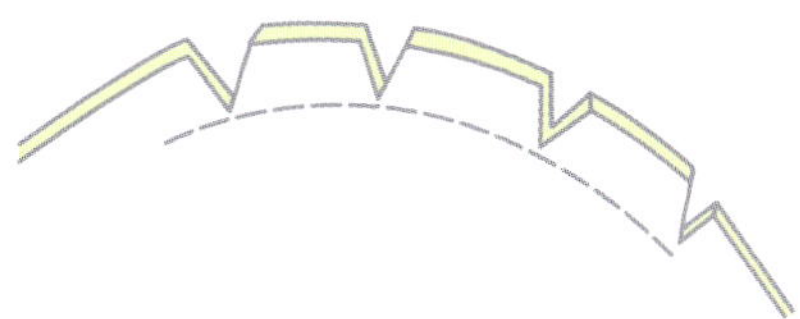

2 Bei einer runden Naht in regelmäßigen Abständen V-förmige Einschnitte anbringen, damit sich die Nahtzugabe innen nicht wellt.

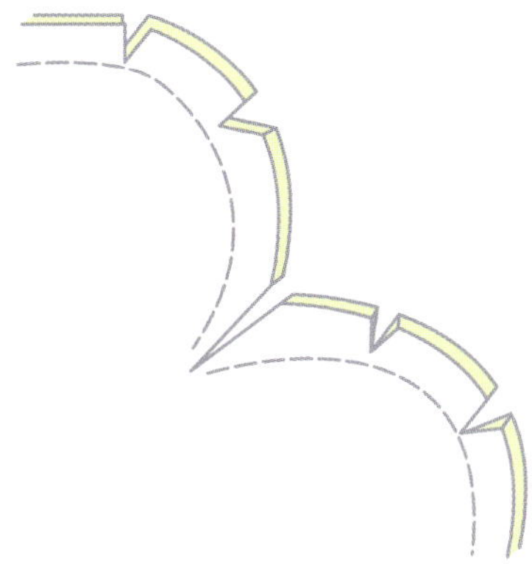

3 Bei innenliegenden Ecken, beispielsweise bei Herz- oder Blumenformen, wird die Nahtzugabe bis zur Nahtlinie eingeschnitten wie im Bild gezeigt.

Einfassungen mit Schrägstreifen

★ Offene Kanten lassen sich mit Schrägstreifen dekorativ verzieren und gleichzeitig versäubern. Besonders geeignet sind diese Einfassungen für enge oder kleine Kurven, wo sich nur schwer ein Saum einschlagen lässt.

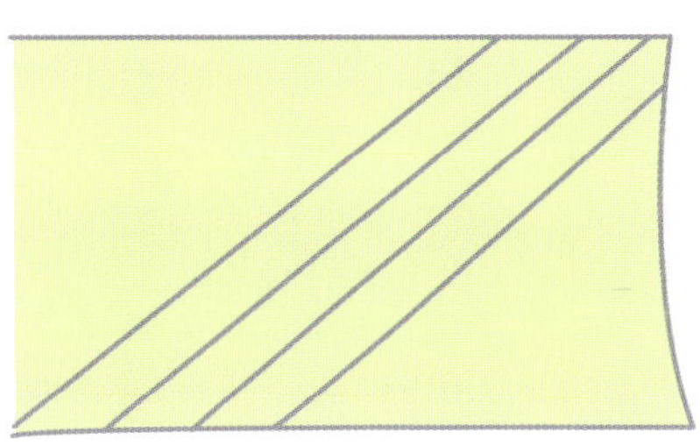

1 Schrägstreifen werden parallel schräg zum Fadenlauf geschnitten. Meist werden 4 cm breite Streifen benötigt.

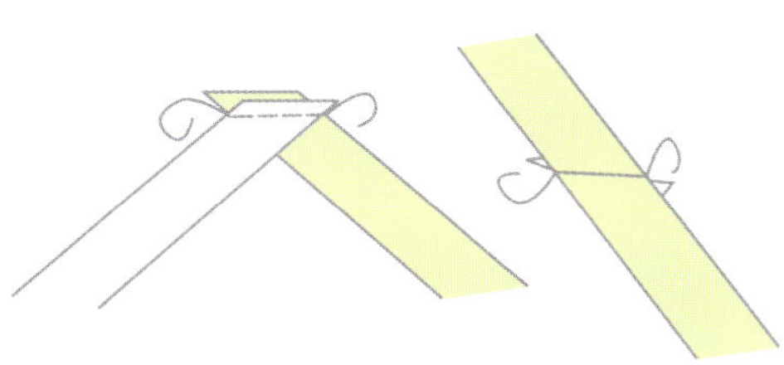

2 Die Streifen werden zusammengenäht. Dafür die Streifen rechts auf rechts legen, sodass die diagonalen Kanten aufeinanderliegen, dann mit der Maschine mit 6 mm Nahtzugabe nähen. Die Naht ausbügeln.

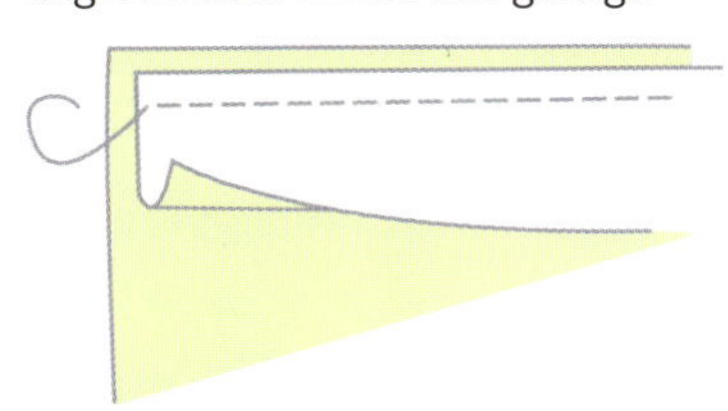

3 Das Schrägband rechts auf rechts an die unversäumte Stoffkante nähen. Den anderen Rand des Schrägbandes schmal einschlagen.

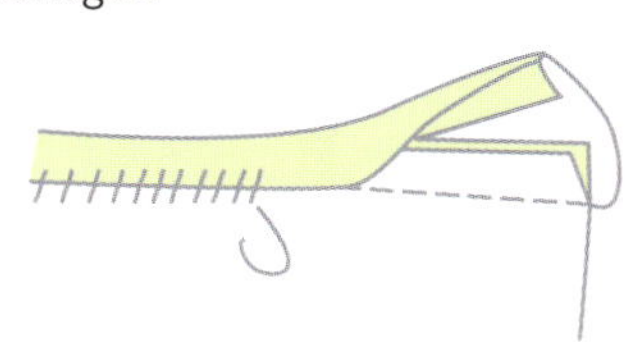

4 Das Schrägband um die Naht legen und auf der linken Seite auf die originale Naht mit Steppstich aufnähen.

Oberflächendekoration

Stickereien

SCHLINGSTICH

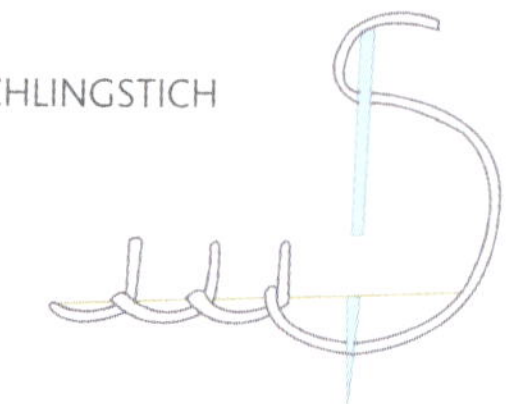

★ Mit einfachen Stickstichen werden unversäumte Kanten versäubert und gleichzeitig Stoffe und Details verziert. Die folgenden Zeichnungen zeigen, wie die Nadel beim Kreuz-, Schling-, Vor-, Stepp- und Flachstich geführt wird.

KREUZSTICH

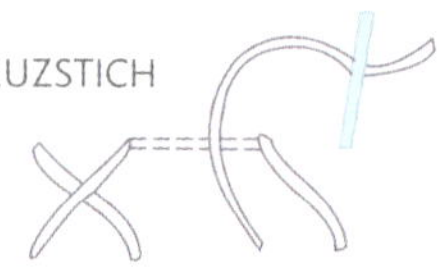

STEPPSTICH

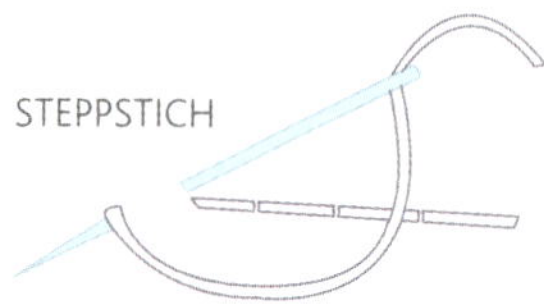

FLACHSTICH

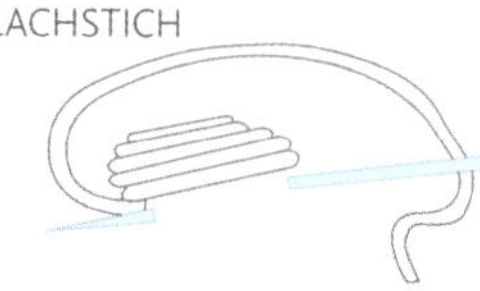

VORSTICH

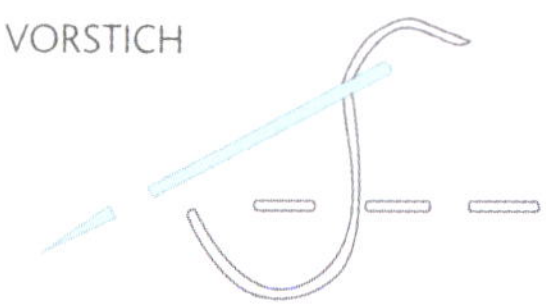

Applikationen

★ Applikation nennt man eine dekorative Form aus Stoff oder anderem Material, die von Hand oder mit der Maschine aufgenäht wird.

MASCHINENAPPLIKATION

❶ Bei der Maschinenapplikation wird ein doppelseitig klebendes Vlies verwendet. Die gewünschte Form zuerst auf die Papierseite des Vlieses aufzeichnen, dann auf die linke Seite des Applikationsstoffes aufbügeln.

❷ Die Form sorgfältig ausschneiden, dann das Papier von der Rückseite des Vlieses abziehen.

❸ Mit einem nicht zu heißen Bügeleisen die ausgeschnittene Form auf den Basisstoff aufbügeln, dann mit der Nähmaschine kleine Zickzackstiche um die Kanten nähen.

HANDAPPLIKATION

❶ Die Applikationsform ausschneiden (die meisten Vorlagen enthalten 6 mm Nahtzugabe) und auf den Unterstoff heften.

❷ Mit einer Nadelspitze die Stoffkante unter die Form schlagen und mit Steppstich den Saum auf den Unterstoff nähen. Die Heftnaht kann wieder entfernt werden.

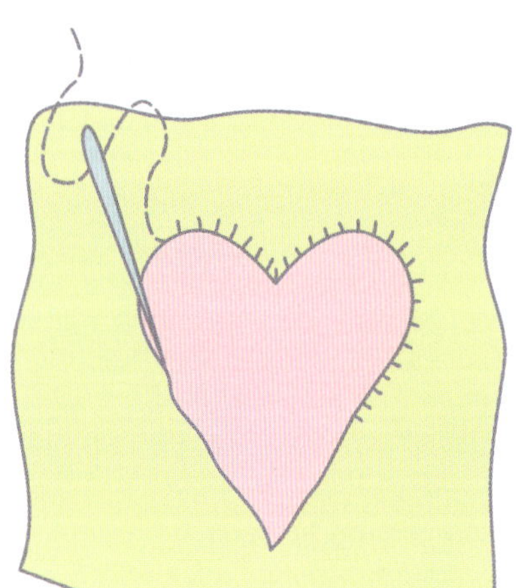

Holzarbeiten

Schablonieren

★ Mithilfe einer Schablone lassen sich schnell Muster mit Farbe auf Stoff auftragen. Einfach die Schablone auf Papier übertragen, dann das Papier auf dickem Karton befestigen. Transparente Acetatfolie darüberkleben, dann die Formen mit einem Bastelmesser (Cutter) entlang der Bleistiftlinien akkurat ausschneiden. Die Schablone abziehen, etwas Sprühkleber auf die Rückseite auftragen und an der gewünschten Stelle auf den Stoff legen. Etwas Acrylfarbe auf einen Teller oder eine Palette geben und mit einem Stupfpinsel aufnehmen. Überschüssige Farbe mit Küchenpapier abwischen, dann die Farbe durch die Schablone auf den Stoff tupfen. Man kann mit einer Schablone verschiedenfarbige Motive auftragen, muss aber den Pinsel wechseln und die Schablone zwischendurch reinigen.

Elektrische Geräte

★ Die Verwendung elektrischer Geräte sollte Sie nicht abschrecken. Bei korrektem Gebrauch sind sie ungefährlich. Tragen Sie beim Bohren und Sägen Schutzmasken, da bei diesen Aktivitäten viel Staub entsteht.

DEKUPIERSÄGE

Mit einer Dekupiersäge werden flache Materialien wie Sperrholz gesägt. Legen Sie Ihr Material auf eine Werkbank, halten Sie die Säge fest und stellen Sie den Motor an. Das Sägeblatt langsam an der Schneidelinie entlangführen. Arbeiten Sie stets langsam und sorgfältig. Verwenden Sie für Geraden und Kurven jeweils spezielle Sägeblätter.

BOHRMASCHINE

Mit einer Bohrmaschine lassen sich in alle Arten von Materialien problemlos Löcher bohren – achten Sie darauf, dass der Bohraufsatz den richtigen Durchmesser hat. Die Bohrmaschine muss stets gerade gehalten werden.

Vorbohrung und kegelige Einsenkung

★ Bevor eine Schraube in Holz gedreht wird, wird ein Loch vorgebohrt. Dieses Loch hat einen etwas geringeren Durchmesser als die Schraube. Die Vorbohrung dient als Führung für die Schraube und verhindert, dass das Holz splittert. Die Einsenkung am oberen Ende des Bohrlochs wird mit einem speziellen Aufsatz gebohrt. Die Einsenkung ist eine Vertiefung, in der der Kopf der Schraube später plan zur umgebenden Fläche liegt. Das Loch kann anschließend noch mit Holzfüller und Farbe verdeckt werden.

Kleben

★ Holz und Sperrholz sollten stets mittels Holzkleber aneinandergeleimt werden. Einen Tropfen Kleber auf beide Flächen geben und fest aufeinanderpressen. Herausquellenden Kleber sofort mit einem feuchten Tuch abwischen, dann die Kontaktstelle trocknen lassen.

Sperrholz zum Bemalen vorbereiten

★ Sperrholz ist ein vielseitiges Material aus dünnen, zu einem Brett komprimierten Holzfasern. Beim Schneiden werden an den Kanten manchmal Hohlräume sichtbar, die vor dem Bemalen mit Holzspachtel aufgefüllt werden sollten. Die Füllmasse wird mit einem speziellen Spachtel aufgetragen, mit dem auch die Fläche geglättet wird. Nach dem Trocknen wird die Kante mit Sandpapier glatt geschmirgelt. Mit dieser Methode kann man alle beschädigten Flächen reparieren.

Bemalen

★ Das Bemalen ist eine relativ einfache Aufgabe. Holz, Sperrholz und MDF-Platten müssen grundiert werden, bevor die Farbe aufgetragen wird. So wird die Oberfläche gut versiegelt. Die Grundierung muss vollständig getrocknet sein, bevor die Bemalung erfolgen kann. Gegebenenfalls muss die erste Grundierung mit Sandpapier geglättet und eine zweite Grundierung aufgetragen werden. Nach dem Schmirgeln unbedingt den Staub mit einem feuchten Tuch abwischen.

Im Kinder-
zimmer

Quilt für das Bettchen

Die Herstellung eines Quilts ist für die letzten Wochen vor der Ankunft des Babys eine erfüllende Aufgabe. Die großen Teile werden mit der Maschine zusammengenäht, das Aufnähen der Applikationen erfolgt von Hand. Lassen Sie sich viel Zeit – ein gelungener Quilt wird Ihnen ein Leben lang Freude bereiten.

Material

- Bleistift und Schnittmusterpapier
- Nähmaterial (s. Seite 9) und Nähmaschine
- je 20 cm von 6 oder mehr verschiedenen, rot-weiß gemusterten Stoffen (z.B. Gingham) mit Streifen, Punkten, Karos und anderen Mustern
- 50 cm einfarbiger roter Stoff
- 10 cm roter Stoff mit weißen Tupfen
- 1 m leichtes Vlies
- 1 m roter Bauwollstoff für die Futterunterseite
- Dampfbügeleisen

HINWEIS *Wählen Sie je 3 hell und dunkel gemusterte Stoffe, die gut miteinander harmonieren und zu Rot und Weiß hübsch aussehen. Alle Vorlagen enthalten bereits 6 mm Nahtzugabe.*

VORLAGEN S. 87

1 Die Vorlagen für die Herzen, Streifen (die zwischen die großen Quadrate genäht werden) und Eckquadrate nach den Angaben von Seite 87 vergrößern und auf Schnittmusterpapier übertragen. Zusätzlich eine Vorlage für die großen Quadrate von 17,5 cm Seitenlänge anfertigen.

2 Folgende Teile ausschneiden:

- 12 große Quadrate: 6 aus hellem, 6 aus dunklem rot-weiß gemustertem oder gestreiftem Stoff
- 12 Herzen: 6 mit hellem Muster und 6 aus dunklen Stoffen
- 17 Streifen aus einfarbigem rotem Stoff
- 10 Eckquadrate aus weißgetüpfeltem rotem Stoff (möglichst mit einem Punkt genau in der Mitte)
- etwa 4 m Schrägstreifen (4 cm breit) aus einfarbigem rotem Stoff
- etwa 4 m gerade Streifen (4 cm breit) aus rot-weiß gestreiftem Stoff
- 1 m x 75 cm Polyestervlies
- 1 m x 75 cm roten Baumwollstoff für die Unterseite

3 Mit den großen Quadraten und den Herzen verschiedene Kombinationen ausprobieren – manche sehen besser aus als andere. Wenn Sie zufrieden sind, die Herzen mittig auf die Quadrate heften. Die unversäumte Stoffkante mit der Nadelspitze unter den Stoff stecken und die Herzen an der Saumkante mit Steppstichen annähen (siehe Handapplikation, Seite 12).

4 Für die Quiltoberseite ein Rechteck aus 4 x 3 cm großen Quadraten auf dem Boden auslegen, dunkle und helle Stoffe im Wechsel. Zwischen die Quadrate und entlang der Außenkanten rote Streifen und in jede Ecke ein kleines Eckquadrat legen. Reihe für Reihe die Teile mit 6 mm Nahtzugabe aneinandernähen, dann die Reihen aneinandernähen. Dies kann etwas dauern. Nehmen Sie sich ausreichend Zeit und stellen Sie sicher, dass alle Ecken korrekt aufeinandertreffen. Die Nahtzugaben nach jedem Schritt auseinanderbügeln.

5 Zuerst an die beiden langen Seiten, dann an die kurzen je einen rot-weiß gestreiften Streifen nähen. Das Vlies und dann das Baumwollrechteck auf die linke Seite des Patchworkrechtecks legen. Die drei Lagen erst längs, dann quer im Abstand von 10 cm aneinanderheften. Dann alle drei Stofflagen entlang der Hauptnähte mit kleinem Vorstich zusammennähen. Die Stiche sollten kurz und regelmäßig sein. Zum Schutz des Fingers einen Fingerhut tragen!

6 Nach dem Quilten die Heftfäden entfernen und die Kanten der Quiltoberseite sorgfältig versäubern. Die roten Schrägstreifen zu einem Streifen zusammennähen und die Außenkante damit einfassen (siehe Seite 11). Um Ihnen diese Arbeit zu erleichtern, können Sie die Ecken des Quilts mit der Schere etwas abrunden.

Lampenschirm

Dieser hübsche, mit Fischen dekorierte Lampenschirm wirft ein beruhigendes Licht und ist in ein bis zwei Stunden fertig. Wenn Sie helleres Licht bevorzugen, verzieren Sie ihn mit helleren Farben. Der Lampenschirm ist auch für eine Hängeleuchte geeignet. Bestimmt machen die Schatten Ihr Baby neugierig. Die Fischformen auszuschneiden ist sehr einfach – vielleicht möchte ein größeres Kind dabei helfen.

Material

- Schere
- Maßband
- hellblauer Lampenschirm (mit Lampenfuß)
- weißes Moosgummi
- große Folie aus hellblauem Polypropylen
- Locher
- doppelseitige Klebepads
- doppelseitiges Klebeband

VORLAGEN S. 88

1 Die Wellen- und Fischvorlagen von Seite 88 vergrößern und sorgfältig ausschneiden. Die Fischaugen als kleinen Kreis oder Bleistiftpunkt markieren.

2 Den exakten Umfang des Lampenschirms abmessen und 2 cm Randzugabe hinzurechnen. Die Wellenform verlängern für eine weitere Vorlage, die diesen Maßen entspricht.

3 Die Wellenvorlage auf die Polypropylen-Folie legen und die Kanten mit einem spitzen Bleistift nachziehen. Zwei Wellenstreifen anfertigen oder auch mehr, wenn Ihr Lampenschirm höher ist. Nun entlang der Linien akkurat mit der Schere ausschneiden.

4 Aus dem weißen Moosgummi kleine und große Fische ausschneiden. Wie viele Sie benötigen, hängt von der Größe des Lampenschirms ab – in etwa sind es 10 große und 30 kleinere Fische. Auch hier die Augen einzeichnen und anschließend an der Markierung mit dem Locher ein Loch ausstanzen.

5 In regelmäßigen Abständen oben und unten auf jede Welle drei bis vier doppelseitige Klebepads anbringen. Die Schutzfolie abziehen und die Wellen auf dem Lampenschirm fixieren. Mit einem Stück doppelseitigem Klebeband den Randüberstand ankleben.

6 Je ein doppelseitiges Klebepad auf die Rückseite der Fische kleben. Zu große Pads passend zuschneiden. Abwechselnd einzelne große und mehrere kleine Fische auf die Wellen kleben.

Drahtgeflecht-Initiale

Eine zarte Drahtgeflecht-Initiale ist ein ausgefallenes Geschenk zur Taufe oder zur Geburt eines Babys. Sie lässt sich problemlos in einen großen Briefumschlag stecken und per Post verschicken. Passend dazu können Sie einen Kordelzug-Beutel und eine Geschenkschachtel anfertigen. Kopieren Sie zuerst die herzförmige Vorlage, und zeichnen Sie anschließend eine schön geschwungene Initiale in ihre Mitte. Anstelle einer Initiale kann man auch ein dekoratives Muster einfügen.

Material

- Kreppklebeband
- ein Stück fester Karton
- bunter Basteldraht, 2 mm stark
- Spitzzange
- feiner Juwelierdraht
- 70 cm pinkfarbenes Organzaband für den Geschenkbeutel
- 20 x 40 cm weißes Organza
- Nähmaterial (s. Seite 9) und Nähmaschine
- Dampfbügeleisen
- Sicherheitsnadel
- 50 cm pinkfarbenes Organzaband
- Geschenkschachtel (optional)

VORLAGE S. 88

1 Die Vorlage von Seite 88 wie angegeben vergrößern. Anschließend auf festen Karton kleben. Dies dient als Orientierung beim Biegen des Drahts. Das Herz und den gewellten Rand möglichst aus einem Drahtstück biegen. Am besten das Biegen und Formen des Drahts an einem Reststück üben, bevor Sie die Initiale anfertigen.

2 Mit der engen Schneckenform oberhalb der Herzmitte beginnen. Anschließend das Herz selbst in Form biegen. Die Form hin und wieder auf die Vorlage legen, um die Form zu korrigieren.

3 Als Nächstes den gewellten Rand biegen, der die Herzform umgibt. Das ist ein wenig knifflig, aber man bekommt schnell Routine. Den Draht am Ende der Welle sauber abschneiden. Nun aus einem kürzeren Stück Draht die Initiale entsprechend der (selbst erstellten) Vorlage biegen, dabei sicherstellen, dass sie genau in die Herzform passt.

4 Die Drahtteile mit Juwelierdraht fest miteinander verbinden. Mit der Schlaufe oberhalb der Mitte beginnen und um die Form herum arbeiten. Die einzelnen Abschnitte der Reihe nach miteinander verbinden. Wenn das Herz fest sitzt, die Initiale einsetzen und in den Rahmen binden.

5 Das längere Organzaband oben am Haken zu einer hübschen Schleife um die Schneckenform binden. Die Enden des Bandes sorgfältig zu Schwalbenschwänzen schneiden.

6 Für den Geschenkbeutel den weißen Organzastreifen auf die Hälfte falten und die Seitennähte schließen. An der oberen Stoffkante einen schmalen, dann einen größeren, 5 cm breiten Saum umschlagen und bügeln. 5 cm unterhalb der oberen Stoffkante einen 1,5 cm breiten Tunnel nähen (siehe Seite 10). Den Beutel nach rechts wenden und bügeln. Einige Stiche einer Seitennaht auftrennen, die unter den Tunnelnähten verläuft, und mithilfe einer Sicherheitsnadel das Band durch den Tunnel ziehen. Das Drahtherz hineinlegen, den Beutel zuziehen und das Band zu einer Schleife binden. Nach Belieben in einer Geschenkdose verpacken.

Andenkenkiste

Wo bewahren Sie all die kleinen Dinge auf, die Sie an die ersten Lebenstage Ihres Babys erinnern? Das Armband aus der Klinik, die erste Haarlocke, Fotos, die Geburtsurkunde oder die ersten winzigen Pantöffelchen, Handschuhe und Strampler? Eine Andenkenkiste ist die Lösung. Das pastellfarbene Äußere beinhaltet ein bunt ausgekleidetes Innenleben, in dem ein Foto- oder Sammelalbum und ein Notizbuch ebenso Platz finden wie alle weiteren Erinnerungen an die glücklichen Momente mit Ihrem Baby.

Material

- kleine Holzkiste
- Holzspachtelmasse
- Sandpapier, mittlere Körnung
- weiße Holz- oder Universalgrundierung
- Pinsel
- hellgelbe seidenmatte Farbe
- Nähmaterial (s. Seite 9)
- 1 m pinkfarbener Stoff mit großem Muster
- Dampfbügeleisen
- extrastarker Bastelkleber
- Notizbuch, Fotoalben, kleine Schachteln
- 50 cm farblich passender Stoff mit einem kleineren Muster
- doppelseitiges Klebeband
- 6 x 16 cm großes Stück Stoff in der Farbe der Kiste
- Hefter

1 Die äußeren und inneren Flächen der Kiste müssen sauber und trocken sein. Äußere Oberflächenschäden mit Holzspachtelmasse ausgleichen. Nach dem Trocknen mit Sandpapier glatt schmirgeln. Die Staubpartikel mit einem feuchten Tuch abwischen. Die Box kann nun bemalt werden.

2 Unbearbeitete Holz- oder MDF-Flächen zunächst mit Grundierfarbe streichen. Die trockene Grundierung zweimal (wenn erforderlich öfter) mit der seidenmatten Farbe lackieren. Jede Farbschicht vor dem Auftragen der nächsten trocknen lassen. Auch die Kanten und den Deckel, nicht aber das Innere der Kiste streichen.

3 Während die Farbe trocknet, den gemusterten Stoff für die Auskleidung der Kiste zuschneiden. Einen Streifen für die Innenwände zuschneiden. Für den oberen Rand 2,5 cm, für den unteren und die Überlappung an der Seite 1,5 cm hinzurechnen. Das Bodenstück zuschneiden und rundum 2,5 cm hinzurechnen.

4 Die Säume umschlagen und bügeln. Die Innenwände mit Kleber bestreichen und den Stoff so ankleben, dass der gebügelte Saum bündig mit der Oberkante der Kiste abschließt. Die unversäumte Stoffkante am Boden glatt in die Ecken streichen. Den Stoff an den Ecken einschneiden, sodass er flach liegt. Nun das Bodenstück (Saum rundum umgeschlagen) ankleben.

5 Den Deckel auf dieselbe Weise auskleiden. Auf die Innenverkleidung des Deckels vor dem Ankleben eine Tasche nähen, darauf eine Schleife als Verschluss nähen. Alben und Bücher mit dem kleingemusterten Stoff beziehen. Dazu den Stoff mit Doppelklebeband befestigen. Mit den Jahren kann sich die Andenkenkiste weiter füllen.

6 Schließlich für den Griff am Deckel das 6 x 16 cm große Stoffrechteck auf der linken Seite des Stoffs in der Mitte mit Kleber bestreichen. Die beiden Längskanten nach innen falten und fest auf die Klebefläche pressen. Nach dem Trocknen den Streifen auf die Hälfte falten und an den Enden mit dem Hefter innen am Deckel der Box befestigen.

HINWEIS ***Die angegebene Stoffmenge reicht für eine Kiste mit den Maßen 30 x 30 x 60 cm. Sie können eine Box aus Sperrholz, Massivholz oder MDF-Platte verwenden. Im Bastelgeschäft oder im Baumarkt bekommen Sie unbearbeitete Kisten zum Dekorieren. Vielleicht finden Sie aber auch zu Hause oder auf dem Flohmarkt ein geeignetes Stück.***

Utensilo

Dieses hübsche Utensilo mit dem fröhlichen gepunkteten Stoff und den unifarbenen Fähnchentaschen ist der ideale Aufbewahrungsort für alle jene Accessoires, die Sie für die tägliche Pflege Ihres Babys benötigen. Hängen Sie es in Reichweite des Wickeltischs auf.

Material

- Nähmaterial (s. Seite 9) und Nähmaschine
- je 30 cm von 4 unifarbenen Baumwollstoffen
- 1,8 m gepunkteter Stoff
- Damfbügeleisen
- 50 cm Gummiband, 6 mm breit
- 2 x 1 m lange Holzstäbe, 12 mm Durchmesser
- Metallsäge
- 3 m Schnur

HINWEIS *Vorlage und Stoffmaße enthalten bereits 1,5 cm Nahtzugabe.*

VORLAGE S. 95

1 Die Dreiecksvorlage von Seite 95 vergrößern und ausschneiden. Nun folgende Teile zuschneiden:

- je 2 Dreiecke aus den 4 unifarbenen Stoffen

Aus dem gepunkteten Stoff:

- 1 Rechteck, 27 x 85 cm für den oberen Taschenstreifen
- 1 Streifen, 27 cm x 1,2 m für den unteren Taschenstreifen
- 1 Streifen, 10 x 85 cm für den Stabtunnel an der Unterkante
- 5 Rechtecke à 15 x 8 cm für die Hängelaschen

2 Die Dreiecke paarweise an den beiden kurzen Kanten zusammennähen, die Nahtzugabe an den Spitzen abschneiden (siehe Seite 11), die Teile auf rechts wenden und bügeln. Von beiden Taschenstreifen eine lange Kante mit einem 2 cm breiten, doppelten Saum versehen. An die Unterkante des schmaleren Streifens nur einen einfachen, 1 cm breiten Saum bügeln.

3 Die Dreiecke in eine Reihe legen, die Spitzen zeigen nach oben. Den Saum des schmalen Taschenstreifens auf die unversäumten Stoffkanten der Dreiecke legen. Die Dreiecke auf den Streifen feststecken und annähen. Die Dreiecke klappen nach unten und verdecken die Nähte. Den Taschenstreifen 5 cm unterhalb der oberen unversäumten Kante auf den Basisstoff legen, anschließend die vertikalen Taschenabteilungen aufnähen.

4 Vom breiten Taschenstreifen vier Viertel abmessen und mit Stecknadeln markieren. Mithilfe einer Sicherheitsnadel das Gummiband durch den oberen Saum fädeln. Das Gummi so anziehen, dass die beiden mittleren Fächer auf die gleiche Breite gerafft werden wie die beiden mittleren Dreieckstaschen. Nun das Gummi von Hand quer über den Saum annähen. Den breiten Taschenstreifen auf den Untergrund stecken, dann den Stoff außen in eine sogenannte Kellerfalte legen. Die vertikalen Unterteilungen aufnähen.

5 Die Säume an den Seiten und an der Oberkante der Wandtasche doppelt einschlagen und mit der Maschine nähen. Den 10-x-85-cm-Stoffstreifen rechts auf rechts an die Unterkante des Wandbehangs nähen. Die Nahtzugabe an den drei Kanten einschlagen und wie eine Einfassung um die unversäumte Unterkante des Wandbehangs legen. Die lange Kante auf der Rückseite des Wandbehangs mit Steppstich annähen, die Seiten offen lassen. Den Stab auf die genaue Breite der Wandtasche zuschneiden und in den Stofftunnel schieben.

6 Jede Schlaufe längs rechts auf rechts falten, dann die langen Seiten mit 1,5 cm Nahtzugabe zunähen. Auf rechts wenden und bügeln, sodass die Naht mittig hinten liegt. Quer in der Mitte falten und die unversäumten Kanten hinten an die Oberkante der Wandtasche nähen. Den zweiten Stab durchschieben und die Schnur mit einer festen Schleife an den Enden befestigen.

Kuscheldecke

Ein Monogramm oder eine einfache Form wie ein Herz oder ein Teddy verleiht einer unifarbenen Decke eine ganz persönliche Note. Diese zweilagige, kuschelige Wendedecke hat eine naturweiße und eine hellblaue Seite, die einfach an der Außenkante mit regelmäßigen Knopfloch- oder Schlingstichen aneinandergenäht werden. Die Initiale wird mit Schlingstich aufgenäht, weiß auf blau und blau auf weiß. Sie können eine etwas größere Decke für das Babybett, eine kleinere Decke als Stilldecke oder als Zudecke für den Kinderwagen oder das Körbchen benutzen.

Material

- Nähmaterial (s. Seite 9)
- naturweißer und hellblauer Vliesstoff in der gewünschten Größe
- 1 kleiner Teller oder 1 Untertasse
- Bleistift oder Schneiderkreide
- Papier
- 5 Stränge naturweißes Stickgarn
- 5 Stränge hellblaues Stickgarn

1 Die Stoffteile auf die gewünschte Größe zuschneiden. Dazu den hellen Stoff auf den blauen legen, sorgfältig abmessen und vorsichtig durch beide Lagen gleichzeitig schneiden. In einem späteren Schritt wird das weiße Vlies etwas kleiner geschnitten.

2 Mit einem kleinen Teller als Schablone die Ecken abrunden. Den Teller an die rechtwinklige Ecke legen und mit Bleistift oder Schneiderkreide die Kontur der Rundung nachziehen. Die Ecke sorgfältig abschneiden.

3 Die Größe des Monogramms wird auf die Größe der Decke abgestimmt. Experimentieren Sie ein wenig mit Papiervorlagen, bevor Sie sich festlegen. Für die Vorlage einen großen Buchstaben auf Papier zeichnen, alle Ecken und Kanten abrunden, sodass die Form weich und knuffig wirkt. Vlies eignet sich nicht gut für gerade Kanten und spitze Ecken.

4 Die Initiale je einmal aus hellblauem und aus weißem Vlies ausschneiden und jeweils in eine Ecke der entgegengesetzten Farbe platzieren, aufheften und mit naturweißer bzw. hellblauer Stickseide und Schlingstich an den Kanten aufnähen (siehe Seite 12).

5 Nun das weiße Vlies auf das blaue legen. Beide Lagen in etwa 2,5 cm Abstand zur Außenkante aufeinanderheften. Mit einer scharfen Schere die weiße Lage rundum etwa 1,5 cm kleiner schneiden als die darunterliegende hellblaue.

6 Die Kante des blauen Vlieses um die unversäumte Kante des naturweißen Vlieses schlagen, sodass es wie eine Einfassung aussieht, und mit Heftstichen fixieren. Mit regelmäßigem Schlingstich und naturweißer Stickseide rundum annähen (siehe Seite 12). Heftgarne entfernen.

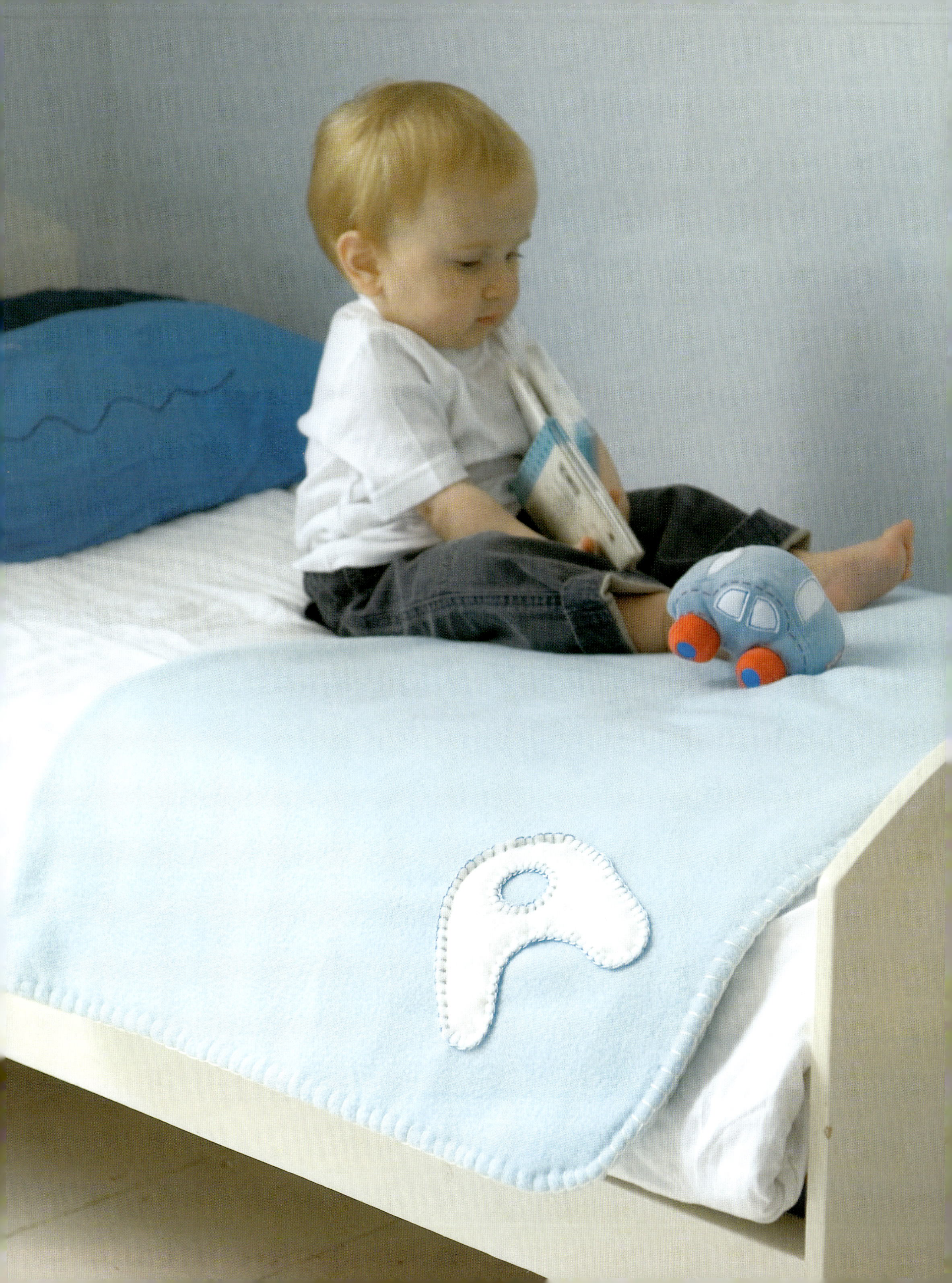

Kissenhüllen

Wenn Sie das Meer lieben, werden Ihnen diese Kissen gefallen. Im Beispiel sind die Kissen 50 x 50 cm groß. Vergrößern Sie die Vorlage auf die gewünschten Maße. Die Grundform und der Hintergrund werden mit der Maschine genäht, die Details sind von Hand appliziert.

Material

- Nähmaterial (s. Seite 9) und Nähmaschine
- 1 m blauer Chambray-Stoff für den Himmel und die Kissenrückseiten
- 30 cm unifarbener blauer Stoff für das Meer
- Dampfbügeleisen
- Bleistift und Schnittmusterpapier
- 30 cm beige marmorierter Stoff für den Sand
- handgroße Stoffreste in Rot, Weiß, Beige, Gelb und mit verschiedenen Streifenmustern
- Reste von rotem Baumwollband
- 3 50 x 50 cm große Kissen
- 3 Reißverschlüsse, 40 oder 45 cm lang

HINWEIS *Nähen Sie die Details aus Stoffresten.*

VORLAGEN S. 89

1 Für jedes der drei Kissen folgende Teile ausschneiden:

- Rechteck von 53 x 53 cm aus blauem Chambray für die Kissenrückseite
- Rechteck von 53 x 28 cm aus blauem Chambray für den Himmel
- Rechteck von 53 x 28 cm aus einfarbigem blauem Stoff für das Meer

Die Teile für Meer und Himmel rechts auf rechts mit 1,5 cm Nahtzugabe zusammennähen. Die Naht von links bügeln. Dies ist der Hintergrund für die Motive auf den Kissenvorderseiten.

2 Die Kissenvorlagen auf Seite 89 auf die gewünschten Maße vergrößern und auf Schnittmusterpapier übertragen. Alle Details nachzeichnen (Strandhütten, Sonne, Sandburgen, Leuchtturm, Boot usw.), dann mit 6 mm Nahtzugabe aus dem entsprechenden Stoff ausschneiden.

3 Zuerst den „Sand" aufheften und mit der Nadelspitze die gewellte unversäumte Stoffkante unterschlagen. Die Saumkante mit Steppstich auf den Untergrund nähen (siehe Handapplikation, Seite 12). Dann die Strandhütten, die Sonne, die Sandburgen und die Grundform für den Leuchtturm applizieren.

4 Die Applikation der kleinen Details wie Boot, Leuchtturmsockel und -spitze kann schwierig sein. Das Ergebnis wirkt jedoch höchst professionell, und es lohnt sich, etwas Zeit dafür aufzubringen.

5 Das Muster durch aufgenähte Details ergänzen: die Nähmaschine auf kleinen Flachstich einstellen und auf den Leuchtturm mit rotem Faden pro Stockwerk ein Fensterchen aufnähen. Das rote Band zu zwei dreieckigen Fähnchen zuschneiden und mit Flachstich (siehe Seite 12) und beigefarbenem Faden auf die Sandburgen nähen. Zum Schluss alle Heftfäden entfernen.

6 Einen schmalen doppelten Saum entlang der unteren Kante jeder Kissenrückseite einschlagen und umnähen. Die Vorder- und Rückseiten zweier Kissen rechts auf rechts legen. Die drei unversäumten Stoffkanten an der Außenkante bündig legen. Mit 1,5 cm Nahtzugabe mit der Maschine zunähen. Die Nahtzugaben an den Ecken diagonal abschneiden (siehe Seite 11), dann das Kissen nach rechts wenden und bügeln. In die untere Öffnung je einen Reißverschluss einnähen.

Elefanten-Buchstützen

Ja, Sie sehen rosa Elefanten! Diese lustigen Gesellen sorgen dafür, dass Kinderbücher und Ratgeber im Regal einen sicheren Stand haben. Die Buchstützen sind etwa 15 cm hoch, aber Sie können die Vorlage auch vergrößern, wenn der Jumbo größere und schwerere Bücher stemmen soll – denken Sie dann auch daran, die Grundplatte entsprechend zu vergrößern.

Material

- **Bleistift**
- **1 cm dickes Sperrholz (oder Holzreste)**
- **Laubsäge und Sägeblätter für gerade Schnitte und für Kurvenschnitte**
- **Sandpapier, mittlere Körnung**
- **Holzspachtelmasse**
- **Bohrmaschine und Schraubbohrer**
- **weiße Grundierfarbe**
- **Pinsel**
- **Holzkleber**
- **6 Holzschrauben, 2,5 cm lang**
- **rosafarbener Lack, seidenmatt**

VORLAGEN S. 87

1. Die Vorlagen von Seite 87 wie angegeben vergrößern und ausschneiden. Die Vorlagen auf das Sperrholz legen und die Konturen mit einem spitzen Bleistift aufzeichnen. Sie benötigen zwei Elefanten-Formen und vier Ohren. Anschließend vier Rechtecke von 15 x 7,5 cm für die Grundplatten markieren.

2. Das Sperrholz auf eine Werkbank oder auf eine feste Unterlage legen und die Formen mit der Laubsäge aussägen. Für die Grundplatte die Sägeblätter für gerade Schnitte verwenden, für die Elefanten und die Ohren die Sägeblätter für Kurvenschnitte.

3. Die rauen Schnittkanten mit Sandpapier glätten. Löcher und Unebenheiten im Holz mit Spachtelmasse ausgleichen.

4. Mit einem dünnen Bohrer und der Bohrmaschine ein kleines Loch als Auge bohren. Alle Teile weiß grundieren und trocknen lassen. Eventuelle Unebenheiten glatt schmirgeln. Eine zweite Schicht Grundierung auftragen, trocknen lassen und erneut schmirgeln. Staub- und Farbpartikel mit einem feuchten Tuch abwischen.

5. Je zwei Grundplatten im rechten Winkel aneinanderkleben. Wenn der Kleber abbindet, zwei Löcher vorbohren, um die Platten aneinanderzufügen. Eine Einsenkung an die Austrittstelle des Bohrlochs bohren, die Schraube hineindrehen, das Bohrloch mit Spachtelmasse füllen und nach dem Trocknen schmirgeln.

6. Die Ohren ankleben, dann die Elefanten auf die Grundplatte kleben. Den Kleber trocknen lassen, und dann die Füße von unterhalb der Grundplatte festschrauben. Wieder zunächst ein Loch vorbohren und die Schraube hineindrehen wie oben beschrieben. Rosafarben lackieren, trocknen lassen und eine zweite Farbschicht auftragen.

Im Spiel-
zimmer

Weiche Spielwürfel

Diese weichen Würfel sind für viele Entwicklungsschritte Ihres Babys ein wertvoller Begleiter. Bauen und Balancieren wird es erst später lernen, aber zum Schmusen, Kauen und Werfen lassen sie sich recht bald verwenden. Die Sternmotive werden mit doppelseitig klebendem Vlies und Zickzackstich per Maschine gut befestigt.

Material

- Nähmaterial (s. Seite 9) und Nähmaschine
- je Würfel 6 Rechtecke à 20 cm Seitenlänge in uni rosafarbenen, blauen und gemusterten Stoffen
- 20 cm beidseitig klebendes Vlies für die Sterne
- Spielzeug-Füllmaterial aus Polyester

HINWEIS *Die Würfelvorlage enthält bereits eine Nahtzugabe von 1,5 cm, die Sterne brauchen keine.*

VORLAGEN S. 95

① Die Vorlagen von Seite 95 wie angegeben vergrößern und ausschneiden. Für jeden Würfel werden sechs Stoffquadrate in unterschiedlichen Farben und Mustern und zwei Sternmotive benötigt. Das Foto kann als Anregung für die Anordnung der Farben und Muster dienen. Zum Vorbereiten der Sterne siehe Maschinenapplikation, Seite 12.

② Die Stoffquadrate in Sechsergruppen auslegen. Die Schutzfolie vom Vlies für die Sterne entfernen und auf die Mitte zweier Quadrate jeder Sechsergruppe kleben. Die Sterne entlang der Kanten mit der Nähmaschine im Zickzackstich akkurat aufnähen.

③ Zum Zusammennähen die vier Seitenquadrate der Würfel mit Stecknadeln rechts auf rechts an den Kanten feststecken und mit 1,5 cm Nahtzugabe auf der Nähmaschine zu einem Ring nähen. In der Mitte einer Naht eine Lücke lassen, durch die der Stoff später auf rechts gewendet wird.

④ Das obere und untere Quadrat an die Seiten nähen und darauf achten, dass die Ecken exakt gearbeitet sind. Von den Seitennähten müssen die ersten Stiche wieder gelöst werden, damit die Ecken flach liegen.

⑤ Die Würfel auf rechts wenden. Mit den Fingern oder der Spitze einer Schere die Ecken von innen ausformen, ohne die Naht zu durchbohren.

⑥ Die Würfel mit dem Füllmaterial füllen, sodass sie fest, aber nicht hart sind – Ihr Kleinkind sollte sie leicht mit den Händen greifen können. Die kleine Nahtöffnung mit Steppstich per Hand zunähen.

Mobile

Ein Mobile ist eine beliebte Dekoration für ein Kinderzimmer. Sie können diese hübschen Pastellfarben verwenden oder Farben, die zu Ihrer Einrichtung passen. Bei diesem Mobile ziehen sich bewegende, einfache Kreis- und Blumenformen die Aufmerksamkeit des Babys auf sich. Moosgummi lässt sich einfach zuschneiden, aber Tonpapier oder Bastelkarton sind ebenso geeignet. Jedes Teil besteht aus zwei Lagen; der dünne Faden wird fest dazwischen eingeklebt.

Material

- Bleistift
- Schere
- je 1 Platte Moosgummi in Rosa, Grün und Blau, 42 x 30 cm
- doppelseitiges Klebeband
- Kreppklebeband
- Nylonfaden
- Spitzzange
- Drahtkleiderbügel
- gelbe Sprühfarbe
- 50 cm gelbes Satinband
- große Nadel und Faden

VORLAGEN S. 87

1 Die Blumen-, Kreis- und Scheibenvorlagen von Seite 87 wie angegeben vergrößern und ausschneiden. Die Umrisse jeweils in zweifacher Ausfertigung auf Moosgummi übertragen, dabei die Farbwahl beachten.

2 Alle größeren Ring-, Kreis- und Blumenstücke paarweise auf der Arbeitsfläche auslegen. Orientieren Sie sich am Foto, um die Farben und Formen richtig zu kombinieren. Zwischen den drei Motivgruppen jeweils etwa 10 cm Abstand lassen. Die kleinsten Mittelkreise zunächst beiseitelegen.

3 Wenn Ihnen die Anordnung gefällt, die Einzelelemente zusammensetzen. Am besten mit der mittleren Gruppe beginnen. Die obere Moosgummi-Form von jedem Paar entfernen, dann über die Mittellinie einen schmalen Streifen doppelseitiges Klebeband kleben. Die Löcher in der Mitte der Teile aussparen. Nun die Schutzfolie abziehen.

4 Mit einem Streifen Kreppklebeband das Ende des Nylonfadens etwa 20 cm oberhalb des obersten Motivs provisorisch auf der Arbeitsfläche befestigen. Den Faden über das Doppelklebeband führen und die Länge des Fadens zwischen den Teilen justieren. Nun die oberen Motivformen darauflegen und so den Faden fest zwischen den Schichten fixieren. Mit den anderen Motivgruppen genauso verfahren.

5 Mithilfe kleiner Stücke doppelseitigem Klebeband die kleinen Mittelkreise auf die Mitte der Blumen und Kreise kleben. Mit der Zange ein 25 cm langes Stück Draht von einem Drahtkleiderbügel abschneiden und mit der Spitzzange in jedes Ende eine kleine Schlaufe biegen. Mit gelber Farbe besprühen und trocknen lassen.

6 Ein Stück doppelseitiges Klebeband auf die Mitte des Satinbandes kleben und die Schutzfolie abziehen. Die Mitte des Drahts auf das Klebeband legen, das Satinband um den Draht legen und die Klebeschichten fest aufeinanderdrücken. Den mittleren Mobilestrang an das Band nähen, dann die beiden anderen Mobilestränge an die äußeren kleinen Drahtschlaufen binden. Das Mobile an einem geeigneten Platz außerhalb der Reichweite von Kindern aufhängen.

Zieh-Hündchen

Wuff, wuff! Dieser niedliche kleine Hund auf Rädern wird von Kindern, die gerade laufen gelernt haben, geliebt und ist einfacher zu basteln, als es aussieht. Der Körper besteht aus verleimten Sperrholzteilen, und die Räder sind kleine Schubladengriffe auf Holzstift-Achsen. Mit etwas künstlerischem Talent können Sie das Hündchen so bemalen, dass er Ihrem Familienhund ähnelt.

Material

- Bleistift
- 1,5 cm dicke Sperrholzplatte
- Laubsäge und Sägeblätter für Kurvenschnitte
- Sandpapier, mittlere Körnung
- helle Holzspachtelmasse
- Holzleim
- weiße Grundierfarbe
- Pinsel
- weißer Lack, seidenmatt
- schwarze, braune und rote Acrylfarben
- kleiner Künstlerpinsel
- Bohrmaschine mit 6-mm- und 8-mm-Bohrern
- 4 kleine Schubladen-Knopfgriffe aus Holz
- 2 Holzstifte 8 cm lang, 6 mm Durchmesser
- 20 cm rotes Satinband
- 1 m schwarzes Satinband

VORLAGEN S. 88

1 Die Vorlagen von Seite 88 wie angegeben vergrößern und ausschneiden. Die Schablonen auf das Sperrholz legen und mit einem spitzen Bleistift die Konturen nachzeichnen. Sie benötigen einen Körper, zwei Vorderbeine und zwei Hinterbeine. Die Details werden später aufgemalt.

2 Das Sperrholz auf eine Werkbank oder eine feste Unterlage legen. Die Formen entlang der Bleistiftlinien mit einer Laubsäge und dem Sägeblatt für Kurvenschnitte aussägen. Auch enge Kurven lassen sich damit einfach aussägen.

3 Sind die Sägekanten etwas gesplittert, mit Sandpapier schmirgeln. Das Sperrholz wie auf Seite 13 beschrieben vorbereiten.

4 Die Beine an den Körper kleben und vollständig trocknen lassen. Die ganze Hundeform weiß grundieren und trocknen lassen. Unebenheiten mit Sandpapier glätten. Eine zweite Grundierung auftragen und erneut schmirgeln. Staub- und Farbpartikel mit einem feuchten Tuch abwischen, dann das seidenmatte Weiß auftragen.

5 Orientieren Sie sich am Bild und der Vorlage, um Augen, Ohren und Flecken auf dem Hundekörper mit schwarzer und brauner Acrylfarbe aufzumalen. Acrylfarbe ist am besten geeignet, weil sie schnell trocknet. Verwenden Sie dafür einen kleinen Künstlerpinsel. Die vier Holzgriffe mit Rot bemalen.

6 Für das Fahrwerk Löcher unten durch die Beine bohren (8 mm Durchmesser). Sie müssen so tief sitzen, dass die Räder unterhalb der Beine den Boden berühren und sich frei drehen können. Dann ein 1 cm tiefes Loch (6 mm Durchmesser) in die Innenseite der Knopfgriffe bohren. Jeden Knopfgriff auf einen Holzstift kleben und trocknen lassen. Die Stifte durch die Löcher in den Beinen stecken und die beiden anderen Knopfgriffe auf die andere Seite der Stifte kleben. Aus dem roten Band ein Halsband binden und das schwarze Band als Leine anknoten.

Krabbeldecke

Hüpfende Frösche und flauschige Entchen zieren die Borte dieser einfach herzustellenden Krabbeldecke. Sie besteht aus schwerem Naturleinen, das mit Plakafarbe bemalt ist. Die Krabbeldecke passt in jedes Kinderzimmer und kann im Garten für Zählspiele verwendet werden. Die Oberfläche ist mit Klarlack versiegelt. Flecken oder Fußspuren lassen sich also mit einem feuchten Tuch einfach wegwischen. Aber Vorsicht: Falls die Farbschichten beginnen, sich abzulösen, sollten Sie die Decke nicht mehr benutzen.

Material

- Bleistift und Schnittmusterpapier
- ablösbares Kreppklebeband
- Karton als Unterlage
- Acetatfolien für Schablonen
- Bastelmesser (Cutter)
- schweres Naturleinen (ca. 65 x 85 cm)
- Lineal
- Schere
- Mini-Schwammroller
- weiße Plakafarbe, matt
- grüne und gelbe Plakafarbe
- Sprühkleber zum Fixieren der Schablonen
- grüne, gelbe und rote Acrylfarbe
- Stupfpinsel
- klarer Acryllack, matt
- Pinsel
- starker Bastelkleber

VORLAGEN S. 88

1 Die Frosch- und Entenvorlagen von Seite 88 wie angegeben vergrößern. Jedes Motiv auf ein separates Blatt Papier kopieren und mit Kreppklebeband auf dickem Karton befestigen, anschließend ein Blatt Acetatfolie darauf befestigen. Die Schablone mit einem Bastelmesser vorsichtig ausschneiden (siehe Seite 13).

2 Das Leinen auf 65 x 85 cm zuschneiden. Mithilfe eines Lineals sicherstellen, dass die Seitenkanten gerade und die Ecken rechtwinklig sind. Mit einem Mini-Schwammroller zwei oder drei Schichten weiße Plakafarbe auftragen, dabei jede Schicht vor dem Auftragen der nächsten trocknen lassen.

3 Ist die weiße Farbe trocken, mit einem Lineal und sehr leichten Bleistiftlinien die Ränder und die bunten Streifen in der Mitte einzeichnen. Anschließend mit langen Streifen leicht haftenden Kreppklebebands den Rand und die mittleren Bereiche für den bunten Farbauftrag abdecken.

4 Mit einem Mini-Schwammroller grüne und gelbe Plakafarbe auf die konturierten Bereiche auftragen. Den Roller dabei nicht zu stark mit Farbe tränken, da sie sonst unter das Kreppklebeband fließen kann. Wenn die Farbe ganz trocken ist, das Kreppklebeband abziehen.

5 Die nächsten Schritte werden auf Seite 13 unter „Schablonieren" beschrieben. Mit grüner Acrylfarbe Frösche in die Ecken und auf die Mitte der vier Seiten malen. Neben die Frösche gelbe Enten setzen, die Schablone für die Enten abwechselnd wenden (vorher säubern), damit das Muster symmetrisch wird. Schnabel, Beine und Füße mit Schwimmhäuten mit Rot auftragen.

6 Wenn die Motive getrocknet sind, eine Schicht Klarlack auftragen, um die Oberfläche zu versiegeln. Den Lack mehrere Stunden trocknen lassen, dann die Matte wenden. Mit Bleistift zwei Linien im Abstand von 2,5 cm und 1,5 cm von der Außenkante einzeichnen. Die Ecken bis zur ersten Linie diagonal einschneiden, dann auf den markierten Saum Kleber auftragen. Die Kante umschlagen, sodass sie auf den beiden Bleistiftlinien liegt. Die Ecken sollten saubere Briefecken ergeben.

Teddy

Viele Menschen erinnern sich noch als Erwachsene gern an ihr Lieblingskuscheltier. Jedes Kind braucht einen Teddybär, mit dem sich schmusen lässt und der Trost spendet. Dieser flauschige Bär ist mit weichen Naturfasern gefüllt und natürlich waschbar.

Material

- Nähmaterial (s. Seite 9) und Nähmaschine
- 30 cm kurzfloriger, waschbarer Fellstoff mit brauner Velours-Unterseite
- waschbares Puppen-Füllmaterial aus Naturfasern
- weicher Bleistift oder Schneiderkreide
- brauner Stickfaden
- Band für Teddys Fliege

HINWEIS *Die Vorlagen enthalten bereits eine Nahtzugabe von 6 mm.*

VORLAGEN S. 92/93

1 Die Teddy-Vorlagen wie angegeben vergrößern und ausschneiden. Auf den Fellstoff übertragen und ebenfalls sorgfältig ausschneiden.

2 Die Teile für die Arme und Beine in der Mitte falten, sodass der Stoff rechts auf rechts aufeinanderliegt. Die langen Nähte mit einer 6-mm-Nahtzugabe zusammennähen. Die Fußsohlen (linke Stoffseite soll später nach außen zeigen) unten an die Beine nähen. Die Arme und Beine auf die rechte Seite wenden und mit Füllmaterial füllen, jedoch nicht zu sehr, damit sie nicht zu hart werden. Die offene Naht mit der Nähmaschine schließen oder von Hand zuheften, damit die Füllung nicht herausquillt.

3 Das Teil für das Gesicht in der Mitte falten. Die lange Naht zunähen (diese verläuft von der Nase zum Hals). Dann die kurze Naht für die Nase zunähen. Das Gesicht auf ein Körperstück nähen und die Rückseite des Kopfs auf das zweite Körperstück.

4 Die Rückseite des Kopfs und das Körperstück mit der rechten Seite nach oben flach auf die Arbeitsfläche legen, dann die Beine mit Heftstichen an die Unterkante nähen. Die Arme anheften. Die Ohren an der angegebenen Stelle falten (linke Stoffseite soll später nach vorne zeigen) und an den Kopf nähen.

5 Die Arme und Beine auf das Körperstück klappen, dann die Vorderseite und das Gesicht mit der linken Seite nach oben darauflegen. Die beiden Teile aneinanderheften. Die untere Seite offenlassen. Den Teddy auf rechts wenden, dann Kopf und Körper füllen und die offene Naht mit Steppstich schließen.

6 Augen, Nase und Mund mit einem weichen Bleistift oder Schneiderkreide aufzeichnen. Orientieren Sie sich dabei am Bild rechts. Mit braunem Stickgarn und langen Flachstichen (siehe Seite 12) das Gesicht aufnähen. Die Schleife um den Hals binden.

Stoffpuppe

Die meisten kleinen Mädchen spielen gern mit Puppen. Sie nehmen sie überallhin mit, bis sie ganz „abgeliebt" aussehen. Diese Puppe misst etwa 35 cm, aber die Vorlage lässt sich beliebig vergrößern, fast bis auf Lebensgröße eines Kleinkindes.

Material

- Bleistift
- Nähmaterial (s. Seite 9) und Nähmaschine
- 20 cm weißer Baumwollstoff für Kopf und Hände
- 20 cm rosa-weiß gestreifter Bauwollstoff für Körper und Gliedmaßen
- etwas rosafarbener Baumwollstoff für die Schuhe
- Puppen-Füllmaterial
- Spitzenband für den Rocksaum
- weicher Bleistift oder Schneiderkreide
- blaues, weißes und rotes Stickgarn für das Gesicht
- schmales weißes Schrägband
- 30 cm weißer Baumwollpiqué
- dickes Strickgarn für das Haar
- 1 m rosafarbenes Baumwollband

HINWEIS *Die Vorlagen enthalten bereits eine Nahtzugabe von 6 mm, außer am Hals und den Löchern für die Armansätze.*

VORLAGEN S. 92

1 Die Vorlagen für die Puppe und das Kleid von Seite 92 wie angegeben vergrößern und ausschneiden. Entsprechend den Angaben alle Teile aus weißem, gestreiftem und rosafarbenem Stoff ausschneiden. Da die Teile recht klein sind, müssen sie sorgfältig übertragen und ausgeschnitten werden.

2 Hände und Arme sowie Schuhe und Beine rechts auf rechts aneinandernähen, dann die beiden Kopf- und Körperteile an der Halsnaht zusammennähen. Die Bein- und Armteile in der Mitte falten, sodass der Stoff rechts auf rechts liegt, und die langen Nähte schließen. Die runden Enden an Händen und Schuhen zunähen. Alle Teile auf rechts wenden und locker füllen. Nun die verbliebene Naht zuheften oder -nähen, damit die Füllung nicht herausquillt.

3 Ein Kopf-Körper-Teil flach auf die Arbeitsfläche legen, die rechte Seite nach oben, dann die Beine an die Unterkante nähen. Die Arme oben an die Seiten des Körpers nähen.

4 Die Arme und Beine auf den Körper klappen, dann die Körpervorderseite mit der linken Seite nach oben darauflegen. Oberen und unteren Körperteil aneinandernähen. Die Naht unten offen lassen, dann die Puppe auf rechts wenden. Kopf und Körper füllen und anschließend die offene Naht zunähen.

5 Das Mieder an den Seiten zusammennähen, Hals- und Armausschnitt mit schmalem Schrägstreifen einfassen (siehe Seite 11), dann die Schulternähte schließen. Die Naht auf der Rückseite des Rocks zunähen, die Unterkante mit einem doppelten Saum versäubern und die Spitzenborte annähen. Den Stoff für den Rock leicht raffen und rechts auf rechts unten an das Mieder nähen. Die Puppe anziehen und von Hand das Mieder hinten zunähen. Das rosafarbene Baumwollband um ihre Hüfte binden.

6 Augen, Nase und Mund mit einem weichen Bleistift oder Schneiderkreide vorzeichnen. Das Foto rechts kann als Orientierung dienen. Mit blauem, weißem und rotem Stickgarn das Gesicht aufnähen. Die Wolle als Haar in Schlaufen an den Kopf nähen. Das Haar mit zwei Schleifen zu Zöpfen binden.

Wiegenschmuck

Volkskunst und Vogelmotive verbinden sich in dieser hübschen Girlande für Wiege oder Kinderwagen. In den Herzen lässt sich prima ein Quietschtierchen verstecken, das neugierige kleine Hände sicher entdecken werden. Für diesen Schmuck benötigen Sie nur fünf Formen. Sie können natürlich auch mehr basteln und die Kette als Fensterschmuck für das Kinderzimmer verwenden.

Material

- Nähmaterial (s. Seite 9) und Nähmaschine
- je 10 cm von 3 verschiedenen, zueinander passenden Baumwollstoffen
- hellblaue und rosafarbene Filzreste für Flügel und kleine Herzen
- Polyester-Füllmaterial für Spielzeug
- Quietschtierchen (optional)
- starker Stoffkleber
- blaues Stickgarn
- blau gestreiftes Band, 2 m lang, 1 cm breit
- blaues Baumwollband, 2 m lang, 6 mm breit

HINWEIS *Die Vogel- und Herzvorlagen enthalten bereits eine Nahtzugabe von 6 mm. Die Flügel und die kleinen Herzen benötigen keine Nahtzugabe.*

VORLAGEN S. 89

1 Die Herz- und Vogelvorlagen von Seite 89 wie angegeben vergrößern und ausschneiden. Je Form zwei Stoffteile ausschneiden sowie einen Flügel aus Filz je Vogel und ein kleines Herz für die Form in der Mitte.

2 Die Stoffteile paarweise rechts auf rechts aufeinanderlegen. An den Außenkanten mit einer Nahtzugabe von 6 mm zusammennähen, jedoch eine kleine Öffnung in der Naht lassen, durch die die Form gewendet und gefüllt werden kann.

3 Die Formen auf rechts wenden und recht fest mit Spielzeug-Füllmaterial füllen. Wenn gewünscht, kann nun ein Quietschtierchen hineingesteckt werden. Die Öffnung sorgfältig zunähen.

4 Mit starkem Stoffkleber die Flügel auf die Vögel und die kleinen Herzen auf die mittlere Form kleben. Wenn der Kleber trocken ist, die Flügel mit einer Reihe kleiner Steppstiche (siehe Seite 12) aufnähen und das Herz mit einem Kreuzstich (siehe Seite 12).

5 Das breitere Band in der Mitte durchschneiden und flach auf der Arbeitsfläche auslegen. Die ausgepolsterten Formen mit je 5 cm Abstand darauflegen. Die Formen mit Stecknadeln auf dem Band befestigen, dann mit doppeltem Nähfaden und Steppstichen fest aufnähen. Die zweite Hälfte des Bandes auf die erste legen, um die befestigenden Stiche zu verbergen.

6 Das schmale Band in sechs 20-cm-Stücke schneiden. Die kurzen Bänder an jedem Ende und zwischen den Motiven um das lange Band knoten, sodass die breiten Bänder miteinander befestigt sind und der Abstand zwischen den Formen verringert wird. Die Knoten mit einigen Stichen fixieren und die Bändchen zu einer Schleife binden. Die Enden zu schönen Spitzen schneiden.

Stoffbuch

Größere Babys und Kleinkinder lieben es, sich verschiedene Formen, Farben und Muster anzuschauen. Ein weiches Stoffbuch ist der ideale Anfang zum Schauen und Blättern. Dieses Buch besteht ausschließlich aus Baumwollstoffen und hübschen Stoffresten und ist natürlich waschbar – stecken Sie es in die Wickeltasche, und Ihr Baby hat jederzeit und an jedem Ort etwas „zu lesen"!

Material

- Nähmaterial (s. Seite 9) und Nähmaschine
- je 20 cm roter, gelber, grüner, blauer und lilafarbener Baumwollstoff mit kleinem Muster
- 50 cm weißer Baumwollstoff
- einfarbige Stoffreste aus Baumwolle, passend zu den Musterstoffen
- 30 cm doppelseitig klebendes Vlies
- Dampfbügeleisen

HINWEIS *Die Vorlagen enthalten bereits 1,5 cm Nahtzugabe. Die Motivformen benötigen keine Nahtzugabe.*

VORLAGEN S. 86

1 Zwölf Formen von den Blumen-, Obst- und Baumvorlagen von Seite 86 wie angegeben vergrößern und ausschneiden. Der Anleitung für Maschinenapplikation auf Seite 12 folgend jedes Teil aus einem anderen gemusterten oder einfarbigen Stoff ausschneiden und mit dem Vlies versehen. Ausreichend Musterstoff für die Randeinfassung aufheben. Dies ist eine ideale Gelegenheit, allerlei Stoffreste aus dem Nähkorb zu verarbeiten.

2 Aus weißem Baumwollstoff sechs Rechtecke (18 x 33 cm) ausschneiden, dann auf die Buchseiten aufbügeln (siehe Seite 12) und mit Zickzack-Maschinenstich auf die Stoffseiten nähen.

3 Den restlichen Musterstoff in 4 cm breite Streifen für die Einfassung der Seiten zuschneiden. Um jede Seite einen andersfarbigen Rand nähen, zuerst entlang der kurzen Seiten, dann entlang der oberen und unteren Kanten. Flach bügeln.

4 Die Seiten rechts auf rechts zu drei Paaren auslegen. Die Außenkanten mit einer Nahtzugabe von 1,5 cm zusammennähen. An der Unterkante zum Wenden eine kleine Lücke in der Naht lassen.

5 Die Nahtzugabe an den Ecken diagonal einschneiden, dann jedes Teil auf rechts wenden und bügeln. Die Öffnung in der Naht an der Unterkante der Seite zuheften.

6 Die Seiten aufeinanderlegen, mit Ihrem Lieblingsmotiv als Titelbild ganz nach oben. In der Mitte der Längskante alle Schichten zusammenheften, damit sie nicht verrutschen. Nun das Buch mit der Maschine zusammennähen. Nähen Sie die Mittelnaht drei- bis viermal, damit sich die Seiten nicht lösen.

Kleidung

Kleid

Dieses hübsche Kleid aus weißem Baumwollpiqué ist ein klassisches Kleidungsstück – und nicht nur für ein Familienfest, sondern auch für eine Spazierfahrt im Buggy bestens geeignet. Der Schnitt ist sehr einfach. Eine Gänseblümchen-Bordüre schmückt die Säume, den Halsausschnitt und den Rockansatz.

Material

- 1 m weißes Baumwollpiqué
- 20 cm leiches Bügelvlies
- Dampfbügeleisen
- Nähmaterial (s. Seite 9) und Nähmaschine
- 3 kleine weiße Knöpfe
- 3 m Bordüre mit Gänseblümchen

HINWEIS *Die Vorlagen enthalten 1,5 cm Nahtzugabe, der Rock hat einen 5 cm breiten Saum. Die Größe ist passend für ein etwa 6 Monate altes Baby.*

VORLAGEN S. 90

1 Die Vorlagen für das Kleid von Seite 90 wie angegeben vergrößern. Alle Teile aus weißem Baumwollstoff ausschneiden, dann die Halsblende für die Vorder- und Rückseite nochmals aus leichtem Bügelvlies ausschneiden. Das Vlies mit dem Bügeleisen auf die linke Seite der Blenden bügeln.

2 Die Schulternähte von Oberteil und Halsblenden zusammennähen, die Nähte bügeln. Die Blende rechts auf rechts auf den Halsausschnitt legen. Die Kante in der Mitte hinten und am Halsauschnitt mit der Maschine zusammennähen. Die Hälfte der Nahtzugabe abschneiden und die Halskante in regelmäßigen Abständen einschneiden (siehe Seite 11).

3 Den Bereich zwischen den Punkten an der Oberkante der Ärmel mit weiten Stichen raffen, sodass der Ärmel in den Armausschnitt passt. Die Ärmel annähen, dann die Seitennaht des Oberteils und den Ärmel mit einer durchgehenden Naht schließen. Das untere Ärmelende mit einem 1 cm breiten doppelten Saum versäubern.

4 Die hintere Rocknaht vom Saum bis 5 cm unter die Oberkante schließen, dann aufbügeln. Die Unterkante mit einem 1,5 cm breiten doppelten Saum versäubern. Die Oberkante mit weiten Stichen raffen, sodass der Rock an das Oberteil passt. Darauf achten, dass die Raffung gleichmäßig ist. Den Rock mit Stecknadeln rechts auf rechts an das Oberteil stecken und annähen.

5 Die offenen Kanten entlang der Öffnung auf dem Rücken von Oberteil und Rock 1,5 cm breit umschlagen und bügeln. Die Kanten der hinteren Halsblende innen an den Umschlag nähen. Drei Knopflöcher an den markierten Stellen in den oberen Umschlag einarbeiten, dann drei Knöpfe auf die andere Seite nähen.

6 Mit der Maschine das Gänseblümchen-Zierband an den Saum von Rock und Ärmel, um den Halsausschnitt und auf die obere Rocknaht nähen.

Bademantel

Ein großes Badetuch lässt sich ganz einfach in diese anschmiegsame Strandbekleidung umarbeiten. Eltern wissen, wie schwierig es ist, ein Baby, das nicht stillhalten möchte, nach dem Schwimmen oder Baden abzutrocknen. Mit diesem Bademantel ist es einfach – er wird nur über den Kopf gezogen (er ist vorne geschlossen wie ein Kleid), und die Kinder trocknen von selbst, während sie herumkrabbeln oder -laufen.

Material

- Bleistift und Schnittmusterpapier
- großes, gemustertes Velours-Badetuch
- Nähmaterial (s. Seite 9) und Nähmaschine
- Dampfbügeleisen

HINWEIS *Die Vorlagen enthalten 1,5 cm Nahtzugabe. Alle unversäumten Kanten von Maschine mit Zickzackstich versäubern. Die Größe ist passend für ein etwa 6 Monate altes Baby.*

VORLAGEN S. 93

1 Die Vorlagen von Seite 93 zunächst vergrößern und eventuell auf Schnittmusterpapier übertragen. Alle Teile entsprechend den Vorgaben aus dem Badetuch ausschneiden. Die gewebten Säume des Handtuchs sollten an den Kanten von Kapuze, Ärmeln und an der Unterkante des Bademantels liegen.

2 Die Schulternähte rechts auf rechts zusammennähen. Die Nahtzugaben mit Zickzackstich versäubern, dann die Nähte ausbügeln.

3 Das Kapuzenteil in der Mitte falten, sodass der Stoff rechts auf rechts liegt, dann die hintere Mittelnaht schließen. Die Unterkante so an den Halsausschnitt nähen, dass die lange Vorderkante in Höhe des Halsausschnitts übersteht.

4 Einen schmalen Saum entlang beider Seitenkanten der Taschen einschlagen und nähen, dann einen schmalen Saum um die Ober- und Unterkante heften. Den Mantel flach auslegen und die Tasche unter dem vorderen Halsausschnitt in der Mitte aufstecken und mit der Maschine entlang der Ober- und Unterkante aufnähen.

5 Die Ärmel mit der Mitte der Oberkante an die Schulternaht stecken und annähen. Alle Nähte ausbügeln.

6 Die Seiten- und Ärmelnähte in einem Stück zunähen, dann die Nahtzugaben von Maschine mit Zickzackstich versäubern. Alle Nähte ausbügeln.

Jäckchen

Kaschmir und Seide, welch luxuriöse Kombination – fürs Baby nur das Beste! Diese Naturfasern fühlen sich auf der Haut so weich an, dass Ihr Baby sich darin wohl fühlen wird. Diese T-förmige Jacke hat einen einfachen Schnitt. Zum Schluss wird die Jacke mit Knebelverschlüssen aus grünem Samtband verziert.

Material

- Nähmaterial (s. Seite 9) und Nähmaschine
- ein langer Schal aus Kaschmir-Seide-Gemisch (Pashmina)
- 50 cm gestreifter Seidenstoff für das Futter (dies kann auch ein großes Kopftuch sein)
- Dampfbügeleisen
- 1 m Samtband (1,5 cm breit) in passender Farbe für die Verschlüsse

HINWEIS *Die Ärmel, die Seiten und die Armausschnitte der Vorder- und Rückseiten enthalten 1 cm Nahtzugabe. Die Größe ist passend für ein 3 Monate altes Baby.*

VORLAGEN S. 91

1 Die Vorlagen von Seite 91 wie angegeben vergrößern. Die Teile jeweils aus dem Kaschmir-Strickstoff und dem Seidenfutterstoff ausschneiden. Für die Einfassungen etwa 1,5 m lange und 4 cm breite Schrägstreifen aus dem Streifenstoff ausschneiden (siehe Seite 11).

2 Die Schulternähte der Jacke schließen und ausbügeln. Die Ärmel in die Armausschnitte nähen, sodass die Mitte der Ärmeloberkante an der Schulternaht liegt. Dann den Ärmel und die Seite der Jacke mit einer durchgehenden Naht zunähen. Für das Jackenfutter genauso verfahren.

3 Alle Nähte ausbügeln – sie brauchen nicht versäubert zu werden. Das Futter auf links wenden und in die Jacke stecken. Am Handgelenk, der Unterkante der Jacke, vorne und am Halsausschnitt zusammennähen.

4 Für die Knebelverschlüsse vier Samtbänder à 8 cm Länge und vier Samtbänder à 10 cm Länge zuschneiden. Die vier kürzeren Bänder in der Mitte falten und mit der unversäumten Kante in regelmäßigen Abständen an den Rand der rechten Vorderöffnung nähen. Die Schlaufe sollte flach liegen und zur anderen Hälfte der Vorderseite zeigen.

5 Die längeren Bänder in der Mitte falten und das gefaltete Ende knoten. Die unversäumte Kante auf die gegenüberliegende vordere Jackenhälfte in Höhe der Schlaufen nähen.

6 Die gestreiften Streifenstücke alle aneinandernähen und alle Kanten damit einfassen (siehe Seite 11).

Filzpantoffeln

Diese winzigen Schuhe sind ein ausgefallenes Geschenk für Freunde oder Verwandte, die gerade ein Baby bekommen haben. Mit der Farbkombination von Rosa und Blau sind sie für einen Jungen oder ein Mädchen gleichermaßen geeignet. Das kleine Herz auf der Sohle ist ein lustiges Detail.

Material

- Nähmaterial (s. Seite 9) und Nähmaschine
- 2 große Stücke Filz in Rosa und Hellblau
- Locher
- Zickzackschere
- 1 m rosafarbene Seidenkordel

HINWEIS *Die Vorlagen enthalten 6 mm Nahtzugabe. Die Größe ist passend für ein Neugeborenes.*

VORLAGEN S. 94

1 Die Vorlagen von Seite 94 wie angegeben vergrößern und ausschneiden. Die Teile für die Schuhe entsprechend der Anleitung in Rosa und Blau sowie ein kleines Herzmotiv für jede Sohle ausschneiden.

2 Je einen rosafarbenen Oberschuh auf einen blauen Unterschuh legen und an der Außenkante zusammenheften. Entlang der gepunkteten Linie mit der Maschine zusammennähen. Die Außenkante des Umschlags am Knöchel mit der Zickzackschere verzieren.

3 Mit einem Locher vorsichtig an der in der Vorlage eingezeichneten Stelle drei Löcher durch beide Filzlagen stanzen. Sie sollten etwas größer sein, als die Seidenkordel dick ist.

4 Die Schuhe in der Mitte falten, rosa liegt innen. Die vordere Mittelnaht mit 6 mm Nahtzugabe zunähen, bis zu dem im Schnittmuster eingezeichneten Punkt. Die Nahtzugabe mit der Zickzackschere sauber nachschneiden.

5 Die Herzformen auf die Sohlen legen und mit Heftstichen fixieren. An der Nähmaschine kleine Zickzackstiche einstellen und das Herz entlang der Kante sorgfältig applizieren.

6 Die Sohlen an die Schuhe erst anheften, dann annähen. Die Nahtzugabe sauber mit der Zickzackschere nachschneiden. Die rosafarbene Seidenkordel in zwei Hälften schneiden und als Schnürsenkel durch die Löcher ziehen. Die Enden zu hübschen Schleifen binden. Alle losen Fadenenden auf maximal 1 cm Länge kürzen.

Fleece-Hut

„Mein Hut, der hat drei Ecken ..." , doch auch wenn er rund ist, wie diese flauschige Kopfbedeckung, sieht er toll aus. Da der größte Teil der Körperwärme über den Kopf abgegeben wird, sollte Ihr Baby an kühlen Tagen draußen gut behütet sein. Dieses hübsche Accessoire ist im Handumdrehen fertig, und der lustige Bommel und die dekorative Steppnaht machen ihn zu einem richtigen Schmuckstück.

Material

- Nähmaterial (s. Seite 9) und Nähmaschine
- 30 cm blauer Fleecestoff
- 30 cm weißer Fleecestoff
- hellblaues und weißes Stickgarn, Sticknadel

HINWEIS *Die Vorlagen enthalten 1,5 cm Nahtzugabe. Die Größe ist passend für ein 3 Monate altes Baby.*

VORLAGEN S. 92

1 Die Vorlagen von Seite 92 wie angegeben vergrößern und ausschneiden. Ein blaues und ein weißes Teil zuschneiden, die Vorlagen dabei am Stoffbruch umlegen. Aus beiden Farben ein Teil für den Bommel ausschneiden.

2 Die Teile für den Bommel aufeinanderlegen. Entlang der gestrichelten Linie zusammennähen, dann von der Außenkante in Richtung Naht 6 mm breite Fransen schneiden. Am breiteren Ende beginnend, den Bommel fest aufrollen, dann die Rolle unten mit mehreren Stichen von Hand fixieren.

3 Mit dem weißen Stoff beginnen. Die beiden kurzen Nähte am Scheitel schließen, dann am Treffpunkt der Nähte den Bommel annähen. Nun die längere Naht in der Mitte hinten/am Scheitel in einem Stück zusammennähen. Alle Nähte sollten exakt am Scheitel aufeinandertreffen.

4 Das blaue Stück ebenso verarbeiten, dann rechts auf rechts in das weiße Teil legen, sodass die Unterkanten bündig liegen. Die Unterkante heften, dann mit der Maschine nähen. Eine kleine Öffnung lassen, durch die der Hut auf rechts gewendet werden kann.

5 Den Hut nach rechts wenden und die Öffnung von Hand zunähen.

6 Mit einer Sticknadel und blauem und weißem Stickgarn mit großen, gleichmäßigen Vorstichen die Unterkante des Huts verzieren (siehe Seite 12). Das hält auch den Stoffrand flach.

Die ersten Fäustlinge

Neugeborene haben winzige Händchen, aber oft schon sehr scharfe Fingernägel, mit denen sie ihre empfindliche Haut leicht verletzen können. Mit diesen Fäustlingen aus sehr weichem Fleece und hübschem Batistfutter sind die Hände Ihres Babys stets warm und die Gesichtshaut vor Kratzern sicher.

Material

- Nähmaterial (s. Seite 9) und Nähmaschine
- 15 cm cremefarbener, dünner Fleecestoff
- 15 cm weißer Batist mit rosafarbenen Punkten
- 30 cm Gummiband, 6 mm breit
- 50 cm sehr schmales Satinband, creme- oder rosafarben

HINWEIS *Die Vorlagen enthalten 6 mm Nahtzugabe. Die Größe ist passend für ein Neugeborenes.*

VORLAGE S. 92

1 Die Vorlage für die Fäustlinge von Seite 92 wie angegeben vergrößern und ausschneiden. Je zwei Teile aus Fleece und aus dem gepunkteten Batist ausschneiden.

2 Die Teile in der Mitte falten, sodass der Stoff rechts auf rechts liegt. Mit 6 mm Nahtzugabe an den Außenkanten zusammennähen.

3 Die beiden Innenfutter auf rechts wenden und in die Fleecefäustlinge (auf links) stecken. Futter und Fleece liegen rechts auf rechts ineinander. Entlang der Außenkante zusammennähen, jedoch eine kleine Lücke lassen, durch die die Fäustlinge nach rechts gewendet werden.

4 Nun die Fäustlinge auf rechts wenden und mit Steppstich die kleine Nahtöffnung schließen. Das Innenfutter glatt in die Fäustlinge streichen und am Handgelenk dicht oberhalb der Naht absteppen.

5 Der nächste Schritt ist etwas schwierig, weil die Fäustlinge so klein sind. Auf beide Fäustlinge etwa 2 cm oberhalb des Handgelenks einen 1 cm breiten Tunnel nähen. Innen im Handschuh einige Stiche einer Tunnelnaht öffnen, um ein kurzes Stück Gummiband mit einer Sicherheitsnadel durch den Tunnel zu ziehen. Das Gummiband leicht anziehen, sodass der Stoff etwas gerafft ist, und die Hand des Babys gut hindurchpasst. Die Enden des Gummibands zusammennähen.

6 Das Satinband in zwei Hälften schneiden und die Mitte jedes Bands an der Unterseite der Fäustlinge auf dem Tunnel fixieren. Um den Fäustling legen und zu einer Schleife binden. Die Enden zu sauberen Spitzen schneiden. Alle Fadenenden auf maximal 1 cm zurückschneiden.

Spielhose

Durchgehende Strampelhosen sind das perfekte Kleidungsstück zum Kuscheln, Krabbeln und Laufen. Sie sind so einfach zu nähen, dass Sie gleich mehrere für verschiedene Jahreszeiten anfertigen können. Im Schritt wird die Hose durch einen Klettverschluss verschlossen – so lässt sich die Windel schnell wechseln.

VORLAGEN S. 94

Material

- Nähmaterial (s. Seite 9) und Nähmaschine
- 80 cm blauer Baumwollstoff mit Sternenmuster
- 30 cm weißer Baumwollstoff für das Futter
- Dampfbügeleisen
- 10 kleine runde Klettverschlusspaare

HINWEIS *Die Vorlagen enthalten 1,5 cm Nahtzugabe. Die Größe ist passend für ein etwa 9 Monate altes Baby.*

1. Die Vorlagen von Seite 94 wie angegeben vergrößern und ausschneiden. Die Teile aus dem blauen Sternenstoff zuschneiden, dann das vordere und hintere Oberteil nochmals aus dem weißen Futterstoff ausschneiden. Für die Einfassungen Schrägstreifen von etwa 2 m Länge und 4 cm Breite aus dem blauen Stoff vorbereiten (siehe Seite 11).

2. Die identischen blauen und weißen Oberteile aufeinanderlegen und entlang der Außenkanten zusammennähen. Nun je zwei Hosenteile rechts auf rechts legen und am Gesäß zusammennähen.

3. Mit weiten Stichen die Vorder- und die Rückseite der Hose am Bund raffen, sodass die Hose an Vorder- und Rückseite des Oberteils passt. Mit der Maschine annähen.

4. Arm- und Halsausschnitt und Träger von Vorder- und Rückseite des Latzes mit Schrägband einfassen. Die Unterkanten der Hosenbeine mit einem 1 cm breiten Doppelsaum versäubern und die Innennaht der Hose (der Schritt) mit Schrägstreifen einfassen.

5. Vorder- und Rückseite der Hose rechts auf rechts legen, dann die Seitennähte der Hose vom Knöchel bis zum Ansatz der Verschlusslasche schließen. Die Nähte ausbügeln und die Hose auf rechts wenden.

6. Die Klettverschlüsse auseinandernehmen und die Hälften einander exakt gegenüberliegend an die Hosenbein-Innenseiten (6 Stück verteilt), auf die Verschlusslaschen an der Seite (2 Stück) und an die Schulterteile (2 Stück) nähen.

Fleece-Mantel

Ob während des Nachmittagsschläfchens statt einer Decke oder im Buggy auf dem Spaziergang – Ihr Baby hat es in diesem langen Mantel so kuschelig warm, dass es sich darin pudelwohl fühlt. Auch die Verschlüsse sind aus Fleece, sodass kein Knopf oder Reißverschluss drücken kann.

Material

- Bleistift und Pauspapier
- Nähmaterial (s. Seite 9) und Nähmaschine
- je 1 m hell- und dunkelrosafarbener Fleecestoff

HINWEIS *Die Vorlagen enthalten 1,5 cm Nahtzugabe. Die Größe ist passend für ein etwa 9 Monate altes Baby.*

VORLAGEN S. 95

1 Die Vorlagen von Seite 95 zunächst einzeln auf Schnittmusterpapier übertragen, dann wie angegeben vergrößern und ausschneiden. Alle Teile jeweils aus hell- und dunkelrosafarbenem Fleece zuschneiden.

2 Mit den dunklen Teilen beginnen. Vorder- und Rückenteile rechts auf rechts legen und an den Schultern zusammennähen, dann die Ärmel in die Armausschnitte nähen. Die obere Mitte des Ärmelansatzes liegt auf der Schulternaht. Die Ärmel und die Seiten mit je einer durchgehenden Naht zunähen. Das helle Innenfutter genauso nähen.

3 Beide Kapuzenteile in der Mitte falten, sodass der Stoff rechts auf rechts liegt. Zuerst die hintere Mittelnaht schließen, dann die kurze Naht, damit die Kapuze quadratisch wird. Die Kapuzen mit der Unterkante an den jeweiligen Halsauschnitt von Mantel und Futter nähen.

4 Die dunklen und hellen Knebelknopfteile paarweise aufeinanderlegen und an der gestrichelten Linie entlang zusammennähen. Vom breiten Ende zum Schaft hin aufrollen. Die Rolle an der Basis mit mehreren Stichen von Hand fest zusammennähen. Die Schlaufen in der Mitte falten, dann nahe am Stoffbruch absteppen. Die Knebel rechts an die Mantelöffnung heften, die Schlaufen links.

5 Innenfutter und Mantel rechts auf rechts ineinanderstecken. Die Nähte an Mantelöffnung (Verschlüsse liegen innen!) und Kapuze zusammennähen, dann den Mantel auf rechts wenden. Von außen im Abstand von 1,5 cm die Kanten an Vorderseite und Kapuze absteppen. Unten am Ärmel den Mantel und das Futter mit Steppstich zusammennähen.

6 Zum Schluss am unteren Saum beide Lagen etwa 5 cm oberhalb der unversäumten Kante zusammennähen. Von unten bis zur Naht Fransen in den Stoff schneiden.

Praktisches für Eltern

Gepolsterter Kleiderbügel mit Beutel

Gepolsterte Kleiderbügel sehen nicht nur schön aus, sie halten gute Kleidungsstücke auch länger in Form. Innen steckt ein Kinderkleiderbügel aus Holz – vielleicht haben Sie noch einen alten Kleiderbügel, den Sie verwenden können. In dem passenden Stoffbeutel lassen sich Accessoires wie Strümpfe und Bänder aufbewahren.

Material

- Nähmaterial (s. Seite 9) und Nähmaschine
- 50 cm blauer bestickter Baumwollstoff
- 20 cm unifarbener grüner Stoff
- 30 cm dünne Schaumstoffplatte
- Kinderkleiderbügel aus Holz
- Dampfbügeleisen
- hellblaues Stickgarn, Sticknadel

HINWEIS *Die Maße für den Beutel (Schritt 1) enthalten 1,5 cm Nahtzugabe.*

VORLAGE S. 95

1 Die Vorlage für den Kleiderbügel von Seite 95 wie angegeben vergrößern und ausschneiden. Die Kleiderbügelhülle und ein Teil für den Beutel von 28 x 11 cm aus blauem Stoff ausschneiden, ein Teil für den Beutel von 28 x 13 cm aus grünem Stoff ausschneiden. Aus dem blauen Stoff 4 cm breite Schrägstreifen schneiden, die später für den Kleiderbügelhaken, die Schleifen und die Kordeln verwendet werden.

2 Ein Rechteck aus dem Schaumstoff ausschneiden, das so groß ist, dass es um den Kleiderbügel gelegt werden kann. In die Mitte ein kleines Loch stechen und den Kleiderhaken hindurchführen. Den Schaumstoff locker um den Bügel wickeln und mit ein paar Stichen fixieren.

3 Für den Haken einen 10 cm langen blauen Schrägstreifen zuschneiden, längs in der Mitte falten und eine kurze sowie die lange Seite zusammennähen. Auf rechts wenden und über den Haken ziehen. Die offene kurze Kante an der Hakenbasis an das Füllmaterial nähen.

4 Ein kleines Loch in die Mitte der Kleiderbügelhülle stechen und den Haken hindurchstecken. Den Stoff um den gepolsterten Bügel legen und die Kanten an den kurzen Enden und unten nach innen einschlagen. Mit Steppstich per Hand sauber zusammennähen.

5 Die beiden Beutelteile zusammennähen, die Naht ausbügeln. Über die Naht eine Reihe Kreuzstiche sticken (siehe Seite 12). Den Beutel in der Mitte falten, sodass der Stoff rechts auf rechts liegt, dann die Seitennähte schließen. Oben einen 2,5 cm breiten Saum nähen, dann 1,5 cm vom Stoffbruch eine weitere Naht aufsteppen, sodass ein Tunnel entsteht. Einige Stiche in der Seitennaht auftrennen, um die Kordel später durchzuziehen.

6 Für die Schleife und die Kordel zwei 25 cm lange blaue Schrägstreifen schneiden. Beide längs in der Mitte falten und an den kurzen Enden zusammennähen. Dann entlang der langen Seite nähen, dabei auf halber Strecke eine kleine Lücke lassen. Die Streifen durch die Lücke auf rechts wenden, dann die Lücke mit Steppstichen per Hand zunähen. Das Schleifenband an das untere Ende des Kleiderbügelhakens nähen und zur Schleife binden. Die Kordel durch den Tunnel im Beutel ziehen und anschließend die Enden locker verknoten.

Aufbewahrungseimer

Aufbewahren einmal anders! Dieser galvanisierte Eimer mit hübschem Kordelzugbeutel ist ein ungewöhnlicher Aufbewahrungsort für den Windelvorrat, Babys Schmutzwäsche, die Kuscheltiere, Badespielsachen oder, oder, oder. Der Eimer hat viele Vorteilen: Er ist robust, wasserfest und schick – nicht nur im Bad, sondern auch im Garten oder am Strand.

Material

- weiße Grundierung
- Pinsel
- galvanisierter Eimer
- Sprüh- oder Metallfarbe in Grün und Rosa
- Nähmaterial (s. Seite 9) und Nähmaschine
- 1 m rosafarbener kleinkarierter Baumwollstoff
- 1 m grünes Segeltuch
- Ringösen
- Dampfbügeleisen

HINWEIS *Die Maße enthalten 1,5 cm Nahtzugabe.*

1 Den galvanisierten Eimer weiß grundieren und nach dem Trocknen wie im Bild gezeigt in Grün und Rosa besprühen oder bemalen.

2 Aus dem Karostoff einen Kreis in der Größe der Standfläche des Eimers ausschneiden, dann je ein Rechteck aus grünem Stoff und Karostoff zuschneiden. Die eine Seite ist so lang wie der Umfang der Eimeröffnung, die andere Seite entspricht der doppelten Höhe des Eimers. Für das Verschlussband einen Karostreifen von 8 cm x 1 m, für die Schleifen an der Seite zwei Karostreifen von 15 x 5 cm zuschneiden.

3 Etwa 8 cm unter der oberen Kante des grünen Segeltuchs mit Schneiderkreide einen 4 cm breiten Tunnel aufzeichnen. Die Position zweier Ösen in der Mitte des Tunnels markieren und die Ösen entsprechend der Packungsanleitung einsetzen. Das Segeltuch und das Innenfutter jeweils in der Mitte falten und an den Seiten zu zwei „Röhren" zusammennähen. Die Nähte flach bügeln.

4 Den Beutel und das Futter rechts auf rechts ineinanderlegen. An der oberen Kante mit einer Naht verbinden. Auf rechts wenden. Die Naht bügeln, dann knapp unterhalb der Oberkante eine Naht aufsteppen. Den 4 cm breiten Tunnel nähen und sicherstellen, dass die Ösen richtig positioniert sind.

5 Beutel und Futter an der Unterkante mit Nadeln zusammenstecken, dann nahe am Rand mit weiten Stichen so raffen, dass der untere Beutelrand auf den runden Stoffboden passt. Den Beutel auf den Boden nähen, dabei den Boden mit der rechten Seite innen im Beutel ansetzen, sodass man die Naht im Beutel nicht sieht.

6 Für die Schleifen und das lange Band die Streifen längs in der Mitte rechts auf rechts falten, dann die kurze Naht und die lange Seitennaht schließen, auf halber Höhe eine kleine Lücke lassen. Die Streifen auf rechts wenden und die Lücke mit Steppstich zunähen, dann die Streifen bügeln. Die kurzen Bänder einander gegenüber in Höhe des Eimerrands annähen, das lange Band durch den Tunnel ziehen. Den Beutel mithilfe der kurzen Bänder am Eimerbügel fixieren.

Wickeltasche

Wer zum ersten Mal Eltern wird, wundert sich vielleicht, wie viele Dinge man immer mit sich führen muss, um ein Baby auch unterwegs gut zu versorgen. In diese große Leinentasche passt definitiv alles Nötige hinein. Sie besitzt lange Tragegriffe und an der Außenseite drei Extrataschen für kleine Utensilien. Wird die Tasche nicht gebraucht, lässt sie sich flach zusammenfalten.

Material

- Bleistift und Papier
- Schere
- 1 m türkisfarbener Leinen-Baumwoll-Stoff
- 1 m bedruckter Baumwollstoff für das Futter
- Nähmaterial (s. Seite 9) und Nähmaschine
- Dampfbügeleisen
- etwas Klettverschluss

HINWEIS *Die angegebenen Maße enthalten bereits 1,5 cm Nahtzugabe.*

VORLAGEN S. 94

1 Gemäß den Angaben auf Seite 94 Papiervorlagen für Tasche, Vordertasche, Tragegriff und Lasche anfertigen. Je zwei Taschenteile, eine Vordertasche und zwei Tragegriffe aus jedem Stoff zuschneiden, plus eine Lasche aus Futterstoff.

2 Für die kleinen Vordertaschen Außen- und Futterstoff rechts auf rechts legen und an der Oberkante zusammennähen. Die Naht ausbügeln, dann die Teile auf rechts drehen. Die obere Naht erneut bügeln und nahe der Kante absteppen (siehe Seite 11). Die Vordertasche auf die (große) Taschenvorderseite legen, sodass die Unterkanten bündig liegen. Die Vordertasche durch vertikale Nähte unterteilen wie auf der Vorlage angegeben.

3 Die beiden äußeren Taschenteile rechts auf rechts legen. An der Seite und an der unteren Kante zusammennähen. Die kurze vertikale an die kurze horizontale Naht stecken, dann von der Ecke aus zusammennähen. Dies bildet den Boden der Tasche.

4 Das Futter entsprechend nähen, aber in der unteren Naht eine kleine Lücke lassen, damit die Tasche auf rechts gewendet werden kann. Das Futter rechts auf rechts in die Tasche stecken. Beide Lagen an der Oberkante miteinander verbinden. Tasche und Futter durch die Lücke in der Naht auf rechts wenden. Die Lücke mit Steppstich per Hand zunähen.

5 Das Futter in der Tasche glatt streichen und die obere Naht bügeln. Nahe der Kante absteppen. Die Lasche längs in der Mitte falten, sodass der Stoff rechts auf rechts liegt, dann die Seite und ein kurzes Ende zusammennähen. Auf rechts wenden und bügeln, dann auf ein Ende an der Unterseite ein Stück Klettverschluss nähen. Die Lasche in der mittleren Vordertasche direkt unterhalb der Oberkante annähen, dann den zweiten Teil des Klettverschlusses außen auf die Tasche nähen, wo die Lasche aufliegt.

6 Die Leinengurte und das passende Futter rechts auf rechts legen und an den langen Seiten zusammennähen. Die Gurte auf rechts wenden und nahe den Seitenkanten absteppen. An den Enden einen 1,5 cm breiten Saum umschlagen, dann die Gurte auf die Tasche stecken und annähen wie auf dem Bild gezeigt.

Wäschebeutel

Manchmal wundert man sich, wie viel Wäsche solch ein kleines Wesen an einem einzigen Tag produzieren kann! Dieser Wäschebeutel mit den hübschen Blumenapplikationen hat ein großes Fassungsvermögen und einen Kordelzug, an dem er einfach an die Tür des Kinderzimmers gehängt werden kann. Er besteht aus Baumwolle, sodass er sich in der Maschine waschen lässt.

Material

- Bleistift und Zuschnittpapier
- Nähmaterial (s. Seite 9) und Nähmaschine
- 50 cm rosafarbener Chambray-Stoff
- 25 cm blauer Chambray-Stoff
- 70 cm weißer Baumwollstoff
- 30 cm blau-weiß karierter Stoff
- Dampfbügeleisen
- eine Handvoll Polyester-Spielzeugfüllung

HINWEIS *Die Vorlagen für den Beutel enthalten 1,5 cm, die Blumenvorlagen 6 mm Nahtzugabe.*

VORLAGE S. 87

1. Für den Beutel Papiervorlagen gemäß den Angaben auf Seite 87 anfertigen. Die Blumenvorlage wie angegeben vergrößern und ausschneiden. Die Teile für den Beutel aus rosafarbenem und blauem Chambray-Stoff, das Futter aus weißem Baumwollstoff und die Blumen aus weißer Baumwolle und blauem Karostoff ausschneiden. Schrägstreifen von etwa 1,5 m x 4 cm und geraden Streifen von etwa 1,5 m x 4 cm aus blauem Karostoff für die Einfassung und das Band zuschneiden.

2. Die weißen Blumenformen paarweise aufeinanderlegen. An den Rändern mit 6 mm Nahtzugabe zusammennähen und in der Naht eine kleine Lücke lassen. Die Nahtzugabe in den Ecken und um die Kurven herum einschneiden (siehe Seite 11). Die Formen auf rechts wenden. Die Lücke in der Naht schließen und die Blumen flach bügeln.

3. Die rosafarbenen und blauen Chambray-Teile an einer langen Kante zusammennähen, die Naht ausbügeln. Die Blumen nebeneinander über die Naht auf der Vorderseite des Beutels heften. Die Karokreise auf die Mitte der Blumen legen, etwas Füllmaterial darunterlegen, den Stoff an der Kante einschlagen, anheften und mit der Maschine auf den Beutel nähen.

4. Die Seite und die untere Naht des Beutels zusammennähen, das Futter genauso nähen. Das Futter links auf links in den Beutel stecken. An der oberen Naht zusammenheften, dann die Naht mit Karoband einfassen (siehe Seite 11).

5. Für das Band die offenen Kanten des geraden Karostreifens zur Mitte hin falten. Dann noch einmal längs falten, sodass die offenen Kanten innen liegen. Die kurzen Enden einschlagen und die lange Kante absteppen.

6. Einen 2 cm breiten Tunnel (siehe Seite 10) etwa 10 cm unterhalb der Oberkante des Beutels nähen. Einige Stiche in der Naht, die längs unter den Tunnelnähen liegt, lösen und die Kordel mit einer Sicherheitsnadel hindurchziehen. Die Kordel zu einer Schleife binden oder die Enden verknoten.

Wickelunterlage

Ob Sie zu Hause sind oder unterwegs – Ihr Baby muss regelmäßig gewickelt werden. Diese hübsche Wickelunterlage können Sie einfach aufrollen und problemlos transportieren. Die eine Seite zeigt ein hübsches Blumenmuster, die andere besteht aus abwaschbarem Wachstuch mit Pünktchenmuster.

Material

- **Bleistift und Schnittmusterpapier**
- **kleiner Teller oder Schüsselchen**
- **Nähmaterial (s. Seite 9) und Nähmaschine**
- **60 cm blaues Wachstuch mit Pünktchenmuster**
- **80 cm zum Wachstuch passender, bedruckter Baumwollstoff**
- **Dampfbügeleisen**

1 Aus Schnittmusterpapier eine rechteckige Vorlage (80 x 50 cm) anfertigen. Die Ecken mithilfe eines kleinen Tellers abrunden. Je ein Teil aus Wachstuch und aus Baumwollstoff ausschneiden.

2 Zwei Stoffstreifen von 9 x 80 cm für den Tragegriff und die Schleife zuschneiden, dann etwa 3 m Schrägstreifen (4 cm breit) für die Einfassung zuschneiden.

3 Das Stoff- und das Wachstuchteil links auf links aufeinanderlegen. Entlang der Außenkante zusammenheften. Den Streifen für den Tragegriff längs falten. An der langen Seite zusammennähen, dann auf rechts wenden und bügeln. Die unversäumten Griffenden auf der Baumwollseite der Matte an einer kurzen Seite aufnähen (mit etwa 15 cm Abstand), sodass der Griff auf der Matte liegt.

4 Mit dem Schrägstreifen die Außenkante der Matte einfassen (siehe Seite 11).

5 Den Streifen für die Schleife längs in der Mitte falten. Die kurze und die lange Naht schließen, jedoch auf halber Höhe eine kleine Lücke lassen, um den Streifen auf rechts zu wenden. An den Ecken die Nahtzugaben diagonal einschneiden (siehe Seite 11), dann den Streifen wenden und flach bügeln.

6 Die Lücke mit Steppstich schließen. Die Schleife quer auf die Hälfte falten, die Mitte mit einer Stecknadel markieren. Diese Stelle mit der Maschine auf den Rand der kurzen Seite nähen, genau zwischen den Griff.

Windelspender

Haben Sie schon einmal ausgerechnet, wie viele Windeln Sie im Lauf der ersten Lebensjahre Ihres Babys wohl brauchen? Auf die Plastikverpackung der Windeln kann man zwar zu Transportzwecken nicht verzichten, aber besonders schön ist sie nicht. Dieser Windelspender hält Ihre Wegwerf- oder Stoffwindeln fein verhüllt bereit. Er ähnelt einem Seesack und ist genauso einfach herzustellen.

Material

- Bleistift und Schnittmusterpapier
- Nähmaterial (s. Seite 9) und Nähmaschine
- 1 m rosa gepunkteter Stoff
- Ringösen-Packung
- Dampfbügeleisen
- 1 m weiße Kordel
- 2 kleine runde Klettverschlüsse
- dicker Karton
- Stoffkleber

HINWEIS *Die Vorlagen enthalten 1,5 cm Nahtzugabe.*

VORLAGEN S. 93

1 Gemäß den Vorgaben auf Seite 93 Papiervorlagen anfertigen. Ein Taschenteil, einen Boden und eine Lasche aus dem gepunkteten Stoff ausschneiden. Ein Rechteck ausschneiden, das rundum etwa 5 cm größer ist als der Boden, als Bezug für die Bodenverstärkung. Für die Einfassung Schrägstreifen von 50 x 4 cm ausschneiden.

2 Den Rand der halbrunden Öffnung mit Schrägstreifen einfassen (siehe Seite 11). Am oberen Rand des Taschenteils einen 10 cm breiten Saum einschlagen. Etwa 2,5 cm unterhalb des oberen Rands einen 4 cm breiten Tunnel aufnähen (siehe Seite 10). Auf dem Tunnel in gleichmäßigen Abständen acht Punkte markieren und Ösen gemäß der Packungsanleitung einsetzen.

3 Die Lasche auf die Hälfte falten, sodass der Stoff rechts auf rechts liegt, und die kurzen Seiten zusammennähen. Auf rechts wenden und bügeln, dann an drei Kanten absteppen, die unversäumte Kante offen lassen. Die beiden unteren Ecken der Lasche beiderseits unten an die halbrunde Öffnung heften.

4 Den rechteckigen Boden rechts auf rechts an die Unterkante des Windelspenders nähen. Die Nahtzugabe an den Ecken einschneiden, damit der Stoff flach liegt. Den Beutel auf rechts wenden.

5 Ein Stoffstück von 10 x 5 cm zuschneiden. Die langen Kanten zweimal zur Mitte hin falten. Die kurzen Enden in die Mitte klappen und leicht überlappen lassen. In der Mitte mit der Maschine durch alle Lagen einen Steg nähen, um rechts und links eine Führung für die Kordel zu bilden. Die Kordel durch die Ringösen und die gerade genähte Stoffführung fädeln. Die Kordelenden locker miteinander verknoten.

6 Die beiden Klettverschlüsse auseinandernehmen, dann die Hakenseite auf die Ecken der vorderen Lasche nähen, die Schlaufenseite gegenüber auf den Windelspender. Das übrige, mehr als bodengroße Stoffstück um einen festen Karton von der Größe des Spenderbodens legen. Die Stoffkanten von unten an den Karton kleben. Wenn der Kleber trocken ist, die Verstärkung im Beutel auf den Boden legen.

Lätzchen

Bei Babys Mahlzeit wird meist kräftig gekleckert. Dann ist es gut, wenn seine Kleidung durch ein altbewährtes, praktisches Lätzchen geschützt ist. Diese beiden hübschen Lätzchen sind maschinenwaschbar, denn auch das niedliche, mit wasserfester Acrylfarbe aufgemalte Hundemotiv verläuft und verblasst nicht beim Waschen.

Material

- Nähmaterial (s. Seite 9)
- 40 cm weißer Baumwollstoff
- 30 cm rot-weiß karierter Stoff
- 30 cm schwarz-weiß karierter Stoff
- ein Stück dicker Karton als Unterlage
- Kreppklebeband
- Acetatfolie für Schablonen
- Sprühkleber für Schablonen
- rote und schwarze Acrylfarbe
- Teller oder Palette
- Stupfpinsel
- kleiner Künstlerpinsel
- 2 kleine runde Klettverschlüsse

VORLAGEN S. 89

1. Die Vorlagen für den Latz und den Hund von Seite 89 wie angegeben vergrößern und ausschneiden. Zwei Latzteile aus weißem Baumwollstoff zuschneiden (wenn der Baumwollstoff sehr fein ist, können zwei Lagen gleichzeitig ausgeschnitten werden), dann aus dem roten und dem schwarzen Karostoff je einen Schrägstreifen von 1 m x 4 cm zuschneiden.

2. Die Umrissschablone mit Kreppklebeband auf ein Stück dicken Karton kleben, dann die Acetatfolie darüberkleben. Die Vorlage mit einem Bastelmesser ausschneiden (siehe Seite 13).

3. Die Rückseite der Schablone mit etwas Kleber besprühen und auf dem Lätzchen fixieren. Etwas rote Farbe auf einen Teller oder eine Palette geben und mit dem Stupfpinsel aufnehmen. Überschüssige Farbe abtupfen und die Farbe innerhalb der Schablone auftragen. Mit dem anderen Lätzchen genauso verfahren, nur mit schwarzer Farbe. Schablone vor dem Farbwechsel säubern.

4. Wenn die Acrylfarbe trocken ist, mit einem kleinen Künstlerpinsel die Details ausarbeiten. Dem roten Hund ein schwarzes Halsband und schwarze Augen aufmalen, dem schwarzen Hund ein rotes Halsband und rote Augen. Sie können auch rote und schwarze Hunde auf einem Latz abwechseln.

5. Beide Lätzchen mit den Schrägstreifen einfassen, dabei auf die Farbkombination achten: schwarze Hunde/rote Einfassung und umgekehrt.

6. Die Klettverschlüsse trennen und bei beiden Lätzchen den Schlaufenteil auf die untere und den Hakenteil auf die obere Lasche nähen.

Kapuzenbadetuch und Waschhandschuh

Zwei Klassiker der Babypflege – wenn Sie sie einmal besitzen, möchten Sie sie nicht mehr missen. Ein Baby zu baden ist für Eltern und Kind ein Riesenspaß, aber das Abtrocknen danach ist manchmal nicht so angenehm! Wickeln Sie Ihr Baby in dieses flauschige Kapuzenhandtuch, und es wird bald trocken sein. Der passende Waschhandschuh sorgt für lustige Unterhaltung, während das Baby gewaschen wird.

Material

- **großes weißes Badetuch (oder Saunatuch)**
- **Nähmaterial (s. Seite 9) und Nähmaschine**
- **30 cm bunt gestreifter Baumwollstoff**
- **kleiner Teller**

1. Das Badetuch ausbreiten und an einer kurzen Seite ein Stück abschneiden, sodass ein möglichst großes Quadrat entsteht. Aus dem gestreiften Baumwollstoff 4 m Schrägstreifen (4 cm breit) zuschneiden.

2. Aus dem abgeschnittenen Streifen ein rechtwinkliges Dreieck von 36 cm Seitenlänge an den kurzen Seiten zuschneiden. Die lange Seite sollte entlang der Webkante verlaufen, sodass Sie dort keinen Saum nähen müssen.

3. Das Dreieck über eine Ecke des Badetuch-Quadrats legen und außen anheften. Mithilfe eines kleinen Tellers als Schablone alle Badetuchecken abrunden.

4. Aus einem 5 x 10 cm großen Stück des gestreiften Stoffs einen Aufhänger anfertigen. Die Längskanten zur Mitte hin falten, dann noch einmal längs falten. Die beiden unversäumten Enden an den Zipfel der Kapuze nähen. Der Aufhänger liegt flach auf dem Badetuch.

5. Die komplette Außenkante des Badetuchs mit Schrägstreifen einfassen (siehe Seite 11).

6. Für den Waschhandschuh aus dem übrigen Badetuchstoff ein Rechteck von 20 x 30 cm zuschneiden. Die kurzen Seiten aufeinanderlegen. Die untere Naht und die Seitennaht schließen. Aus einem Rest gestreiften Stoffs eine kleine Schlaufe falten (wie in Schritt 4) und an die obere Naht heften. Den Handschuh nach rechts wenden und die obere Kante mit Schrägstreifen einfassen (siehe Seite 11).

Vorlagen

Die Prozentangaben geben an, wie Sie die Vorlagen vergrößern müssen. Stellen Sie die Prozentangabe auf dem Kopierer ein. Sie können auch andere Größen wählen, sofern die Proportionen erhalten bleiben.

Stoffbuch (auf 200% vergrößern)

Elefanten-Buchstützen (auf 200% vergrößern)

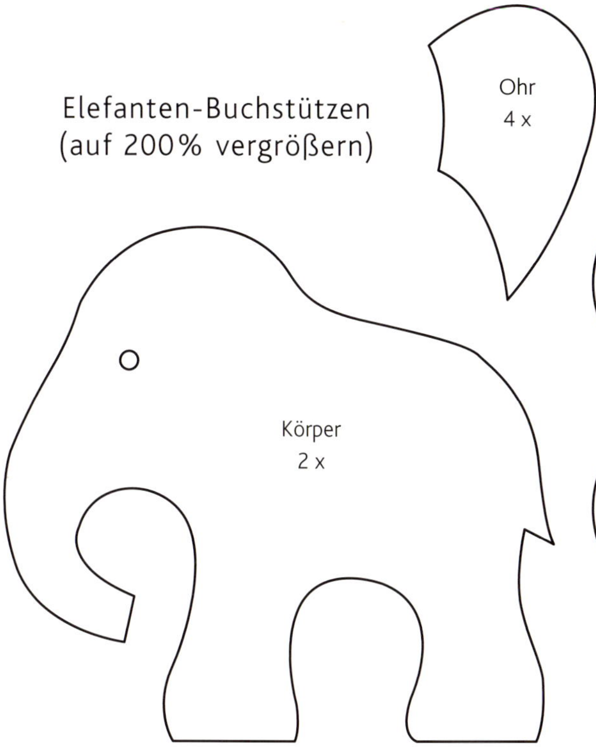

Wäschebeutel (auf 200% vergrößern)

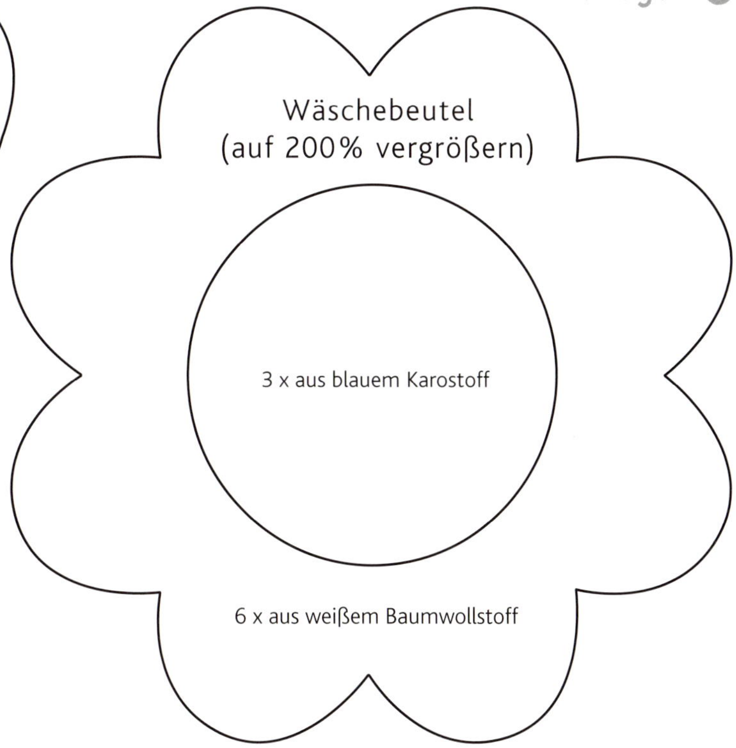

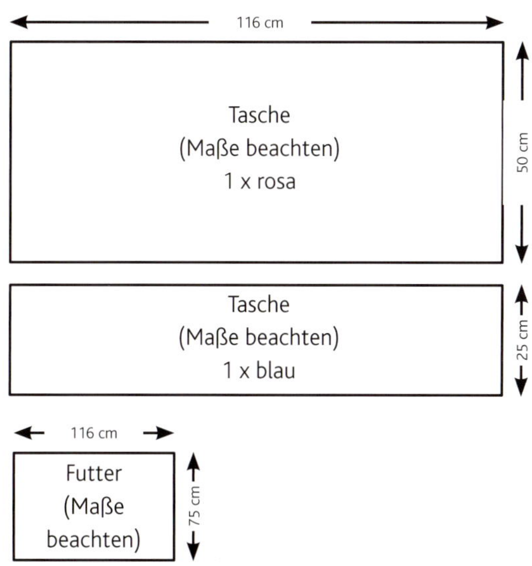

Mobile (auf 250% vergrößern)

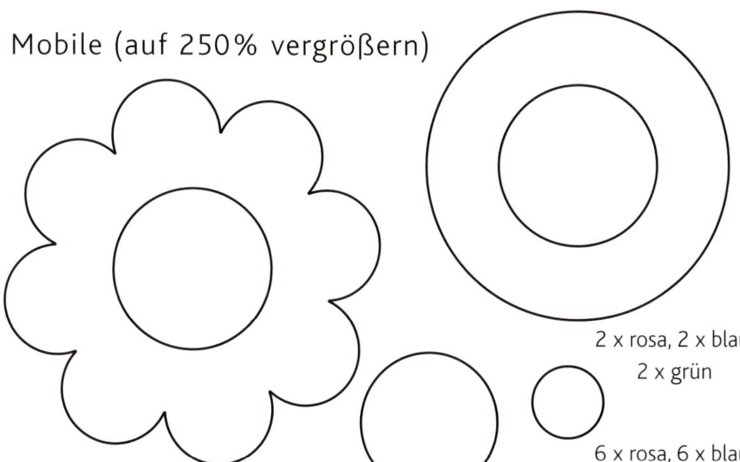

2 x rosa, 2 x blau, 2 x grün

6 x blau, 4 x rosa, 4 x grün

2 x rosa, 2 x blau, 2 x grün

6 x rosa, 6 x blau, 6 x grün

Quilt fürs Bettchen (auf 250% vergrößern)

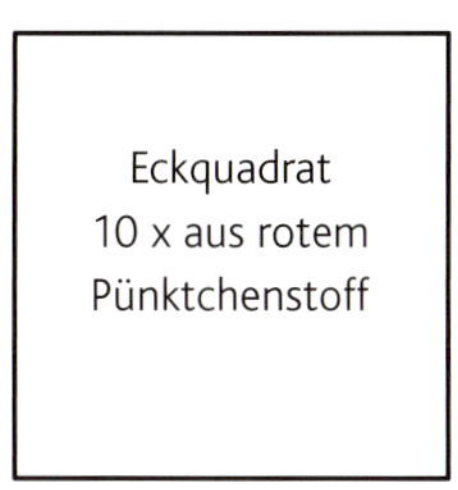

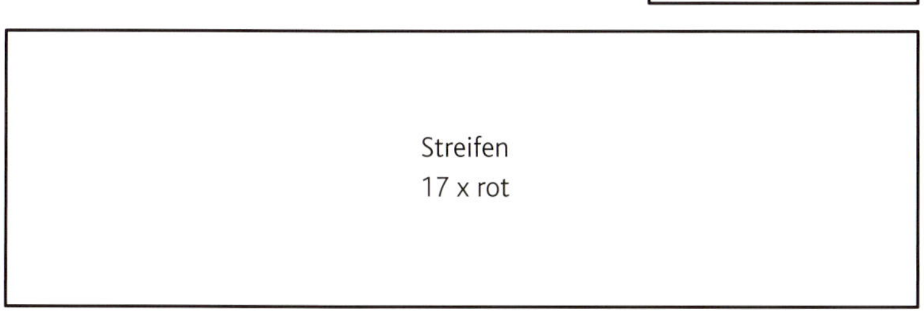

Lampenschirm (auf 200% vergrößern)

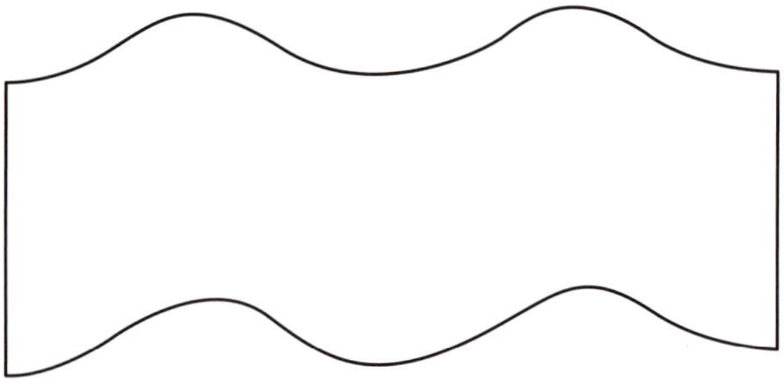

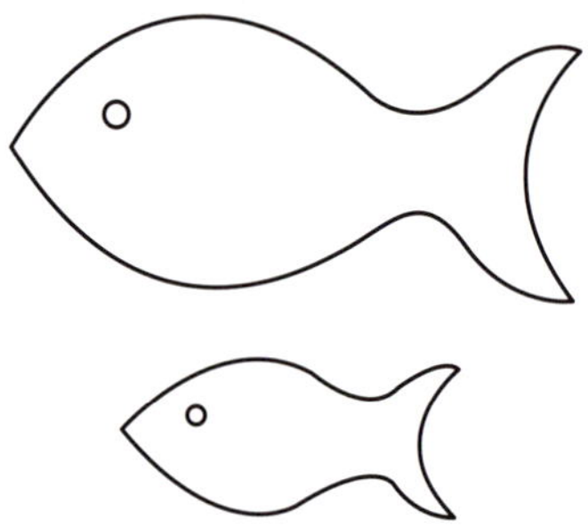

Drahtgeflecht-Initiale (auf 200% vergrößern)
Nach Bedarf andere Buchstaben einsetzen

Krabbeldecke (auf 200% vergrößern)

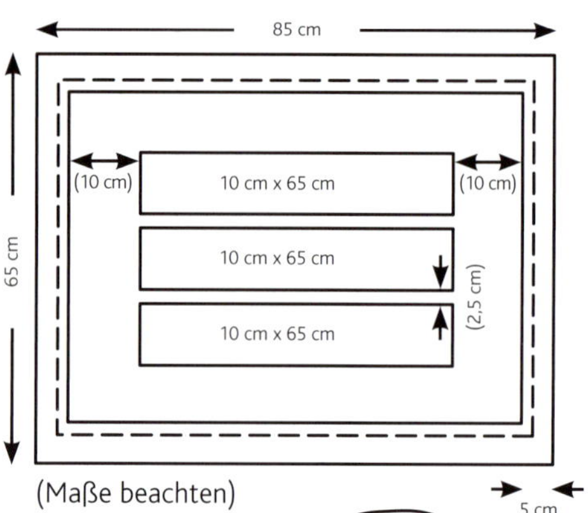

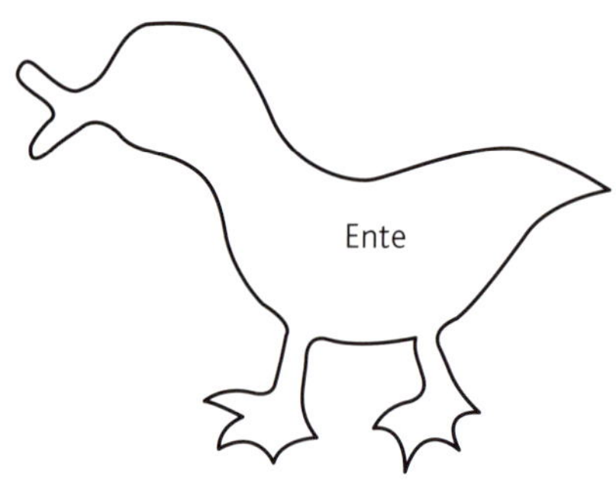

Zieh-Hündchen (auf 200% vergrößern)

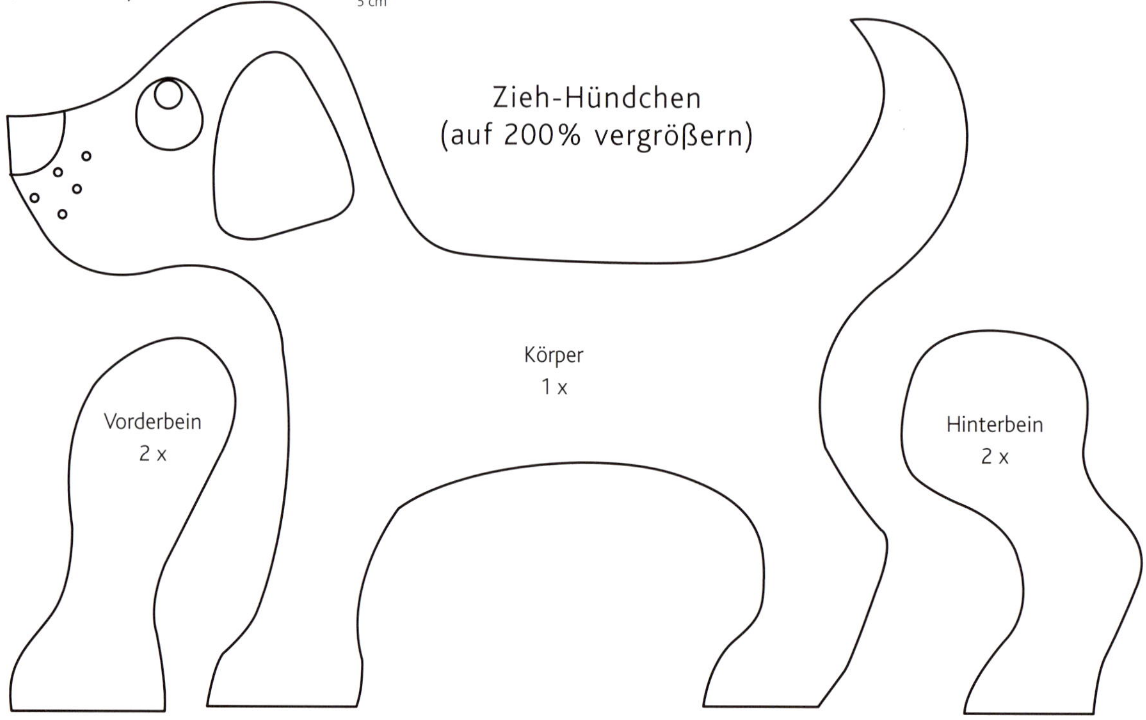

Wiegenschmuck
(auf 200% vergrößern)

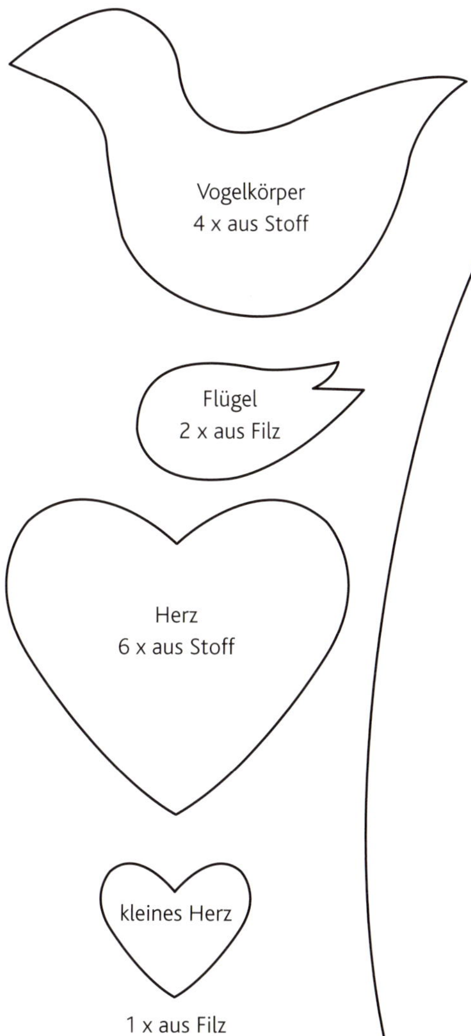

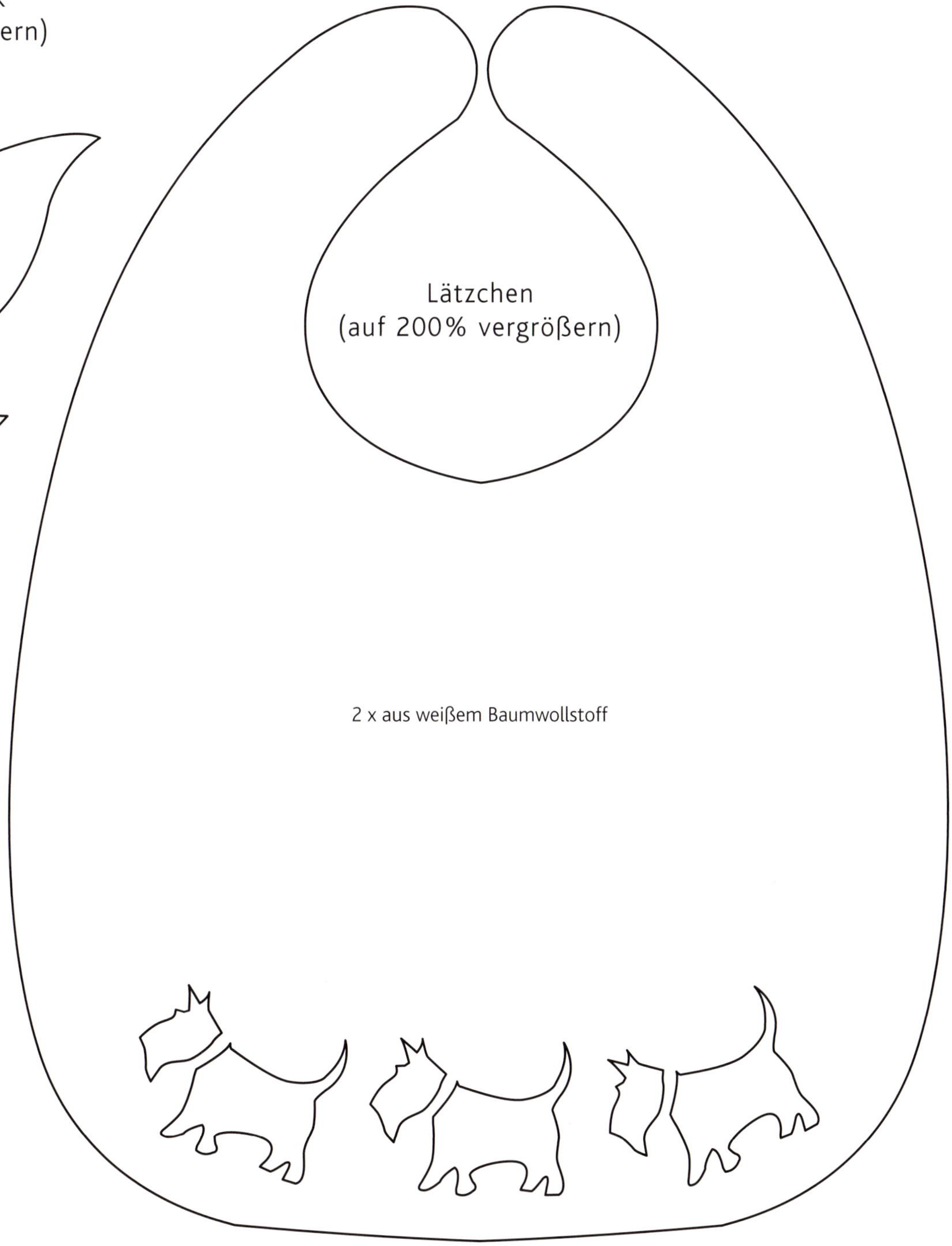

Kissenhüllen
(je nach Kissenmaß vergrößern)

Kleid
(auf 200% vergrößern)

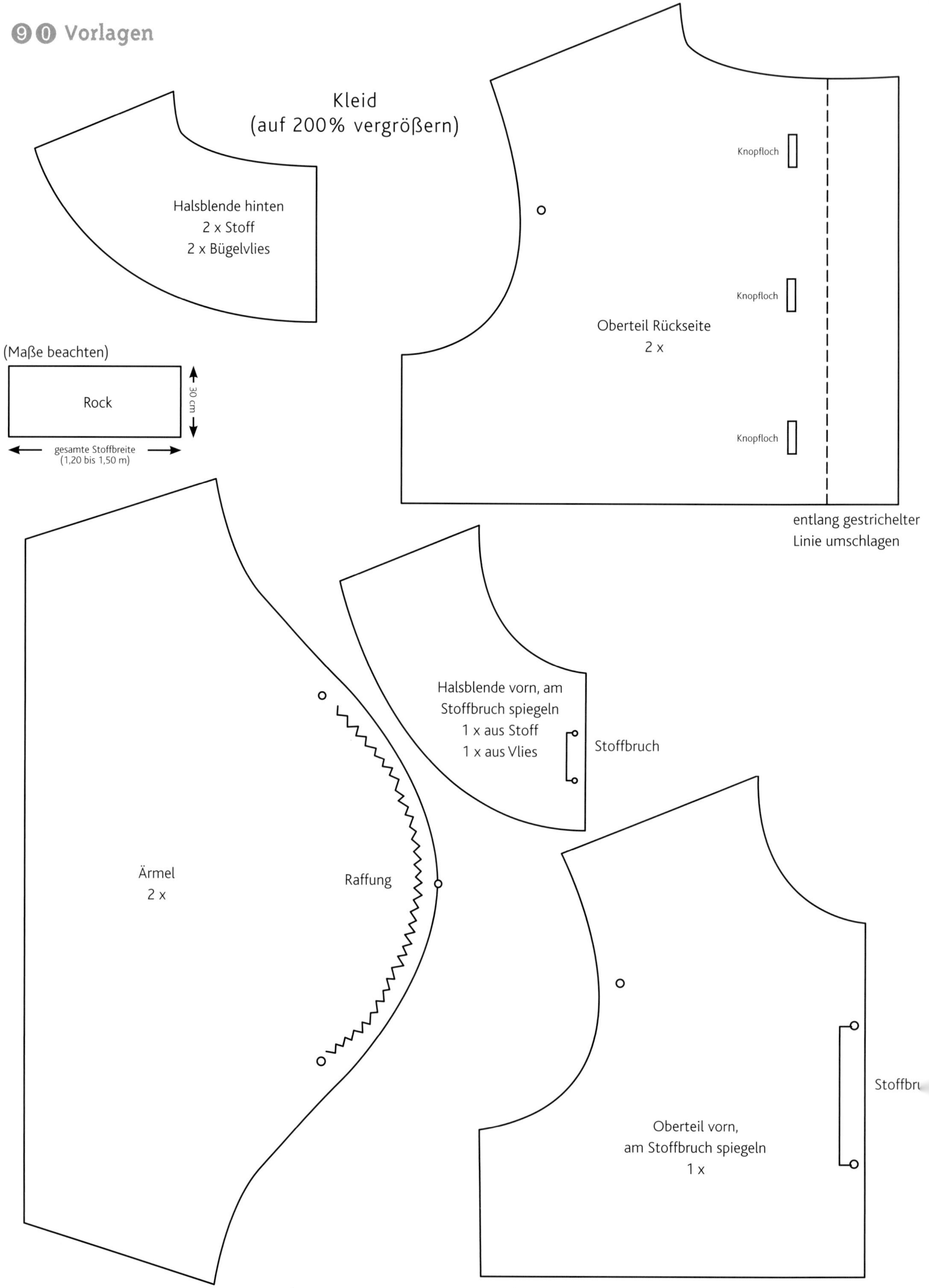

Jäckchen
(auf 200% vergrößern)

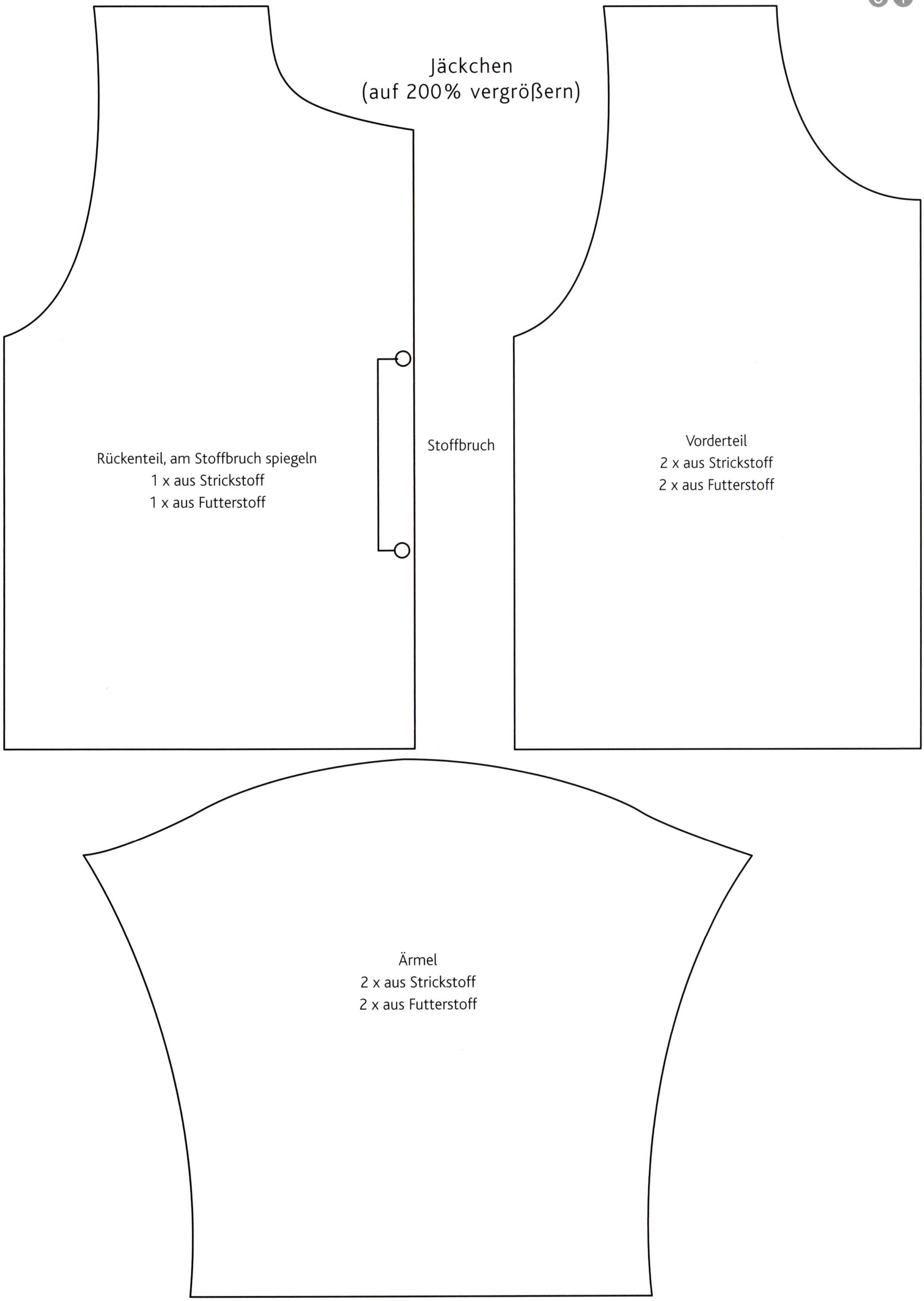

Fäustlinge
(auf 400% vergrößern)

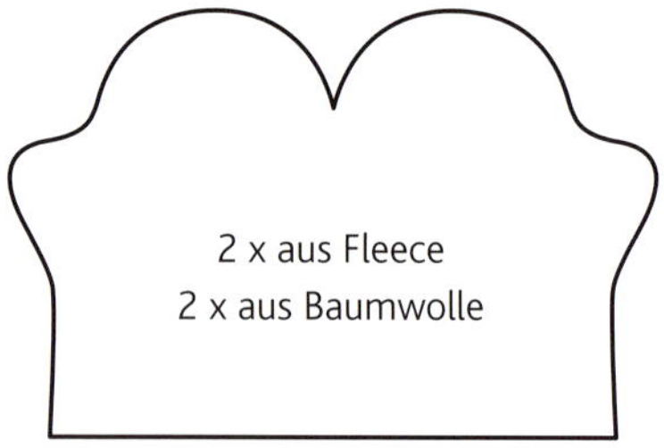

Hut
(auf 400% vergrößern)

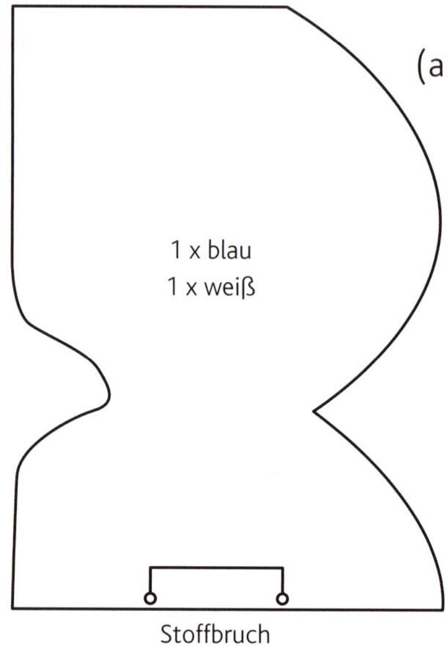

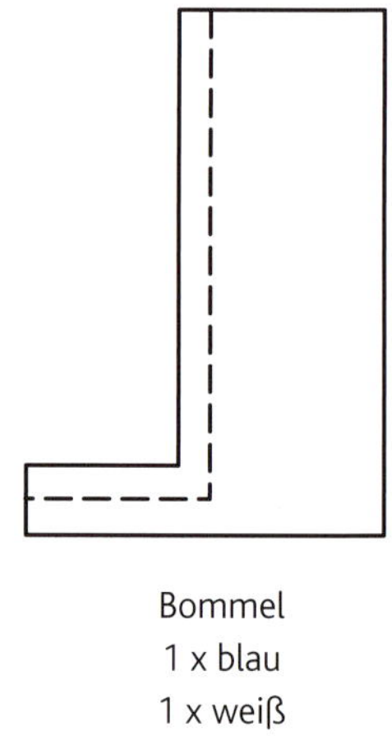

Stoffpuppe
(auf 330% vergrößern)

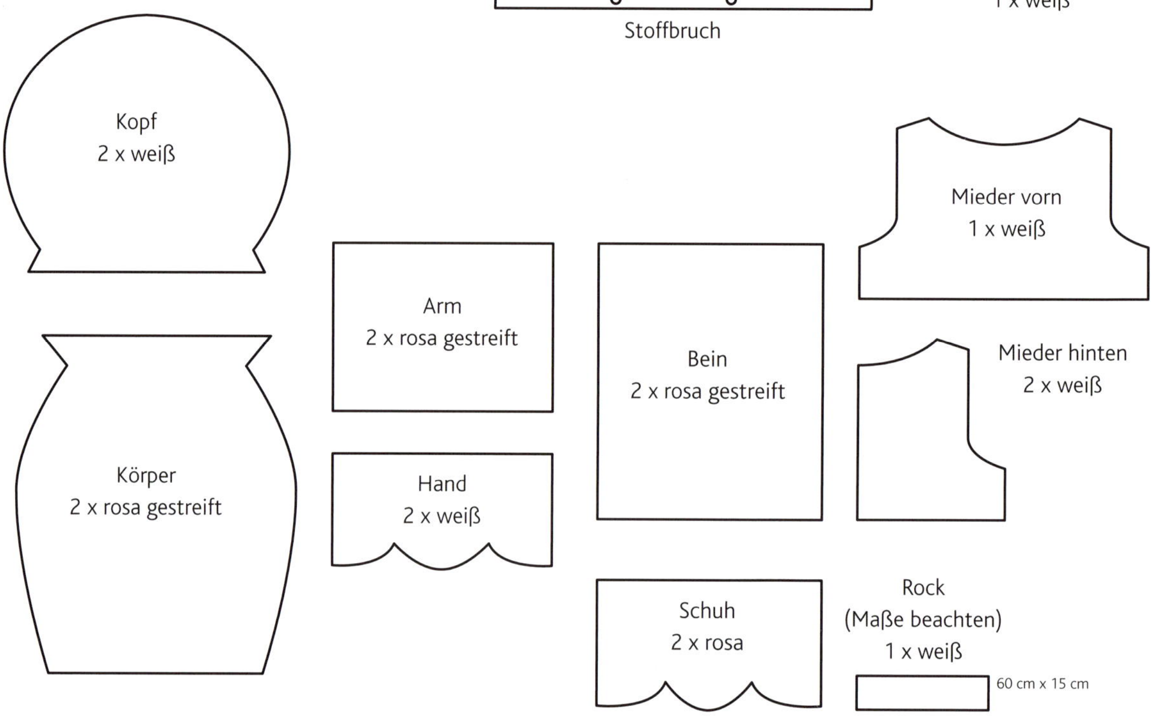

Teddy
(auf 330% vergrößern)

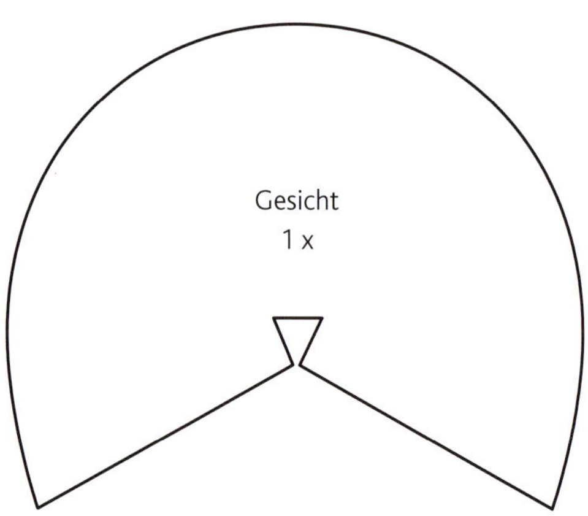

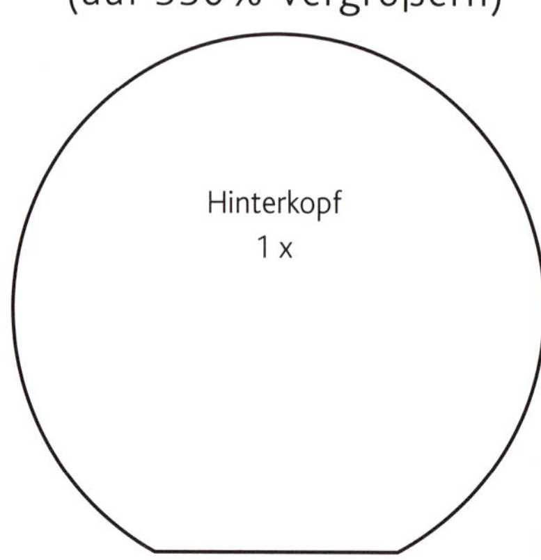

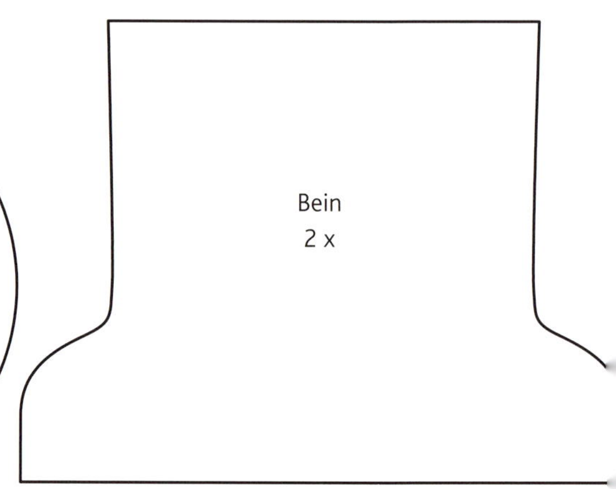

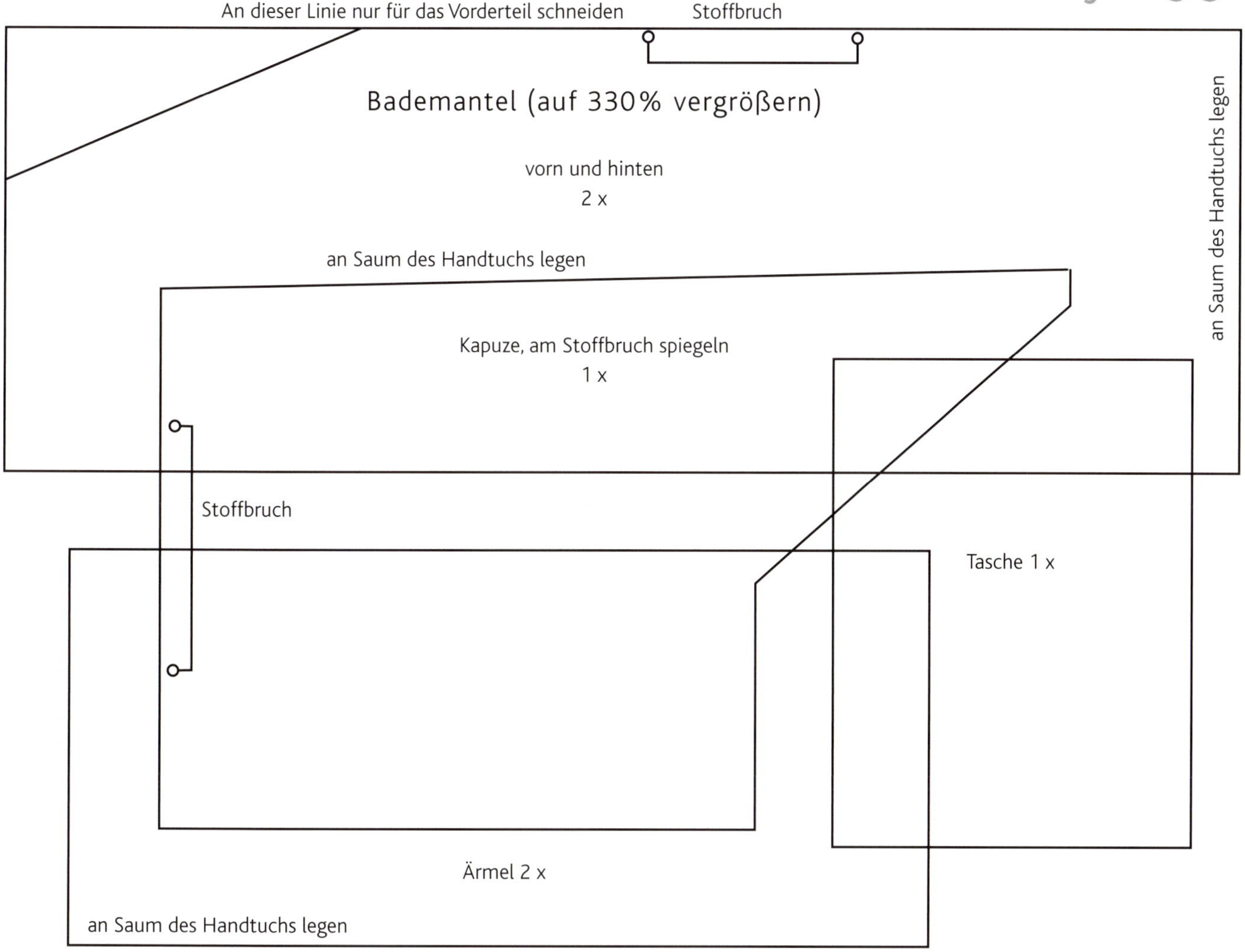

Teddy (Fortsetzung) (auf 330% vergrößern)

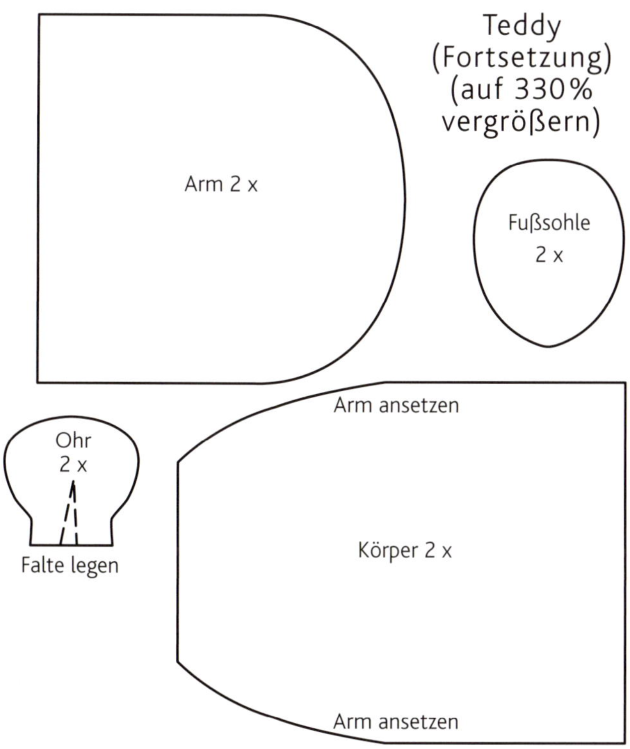

Windelspender (Maße beachten)

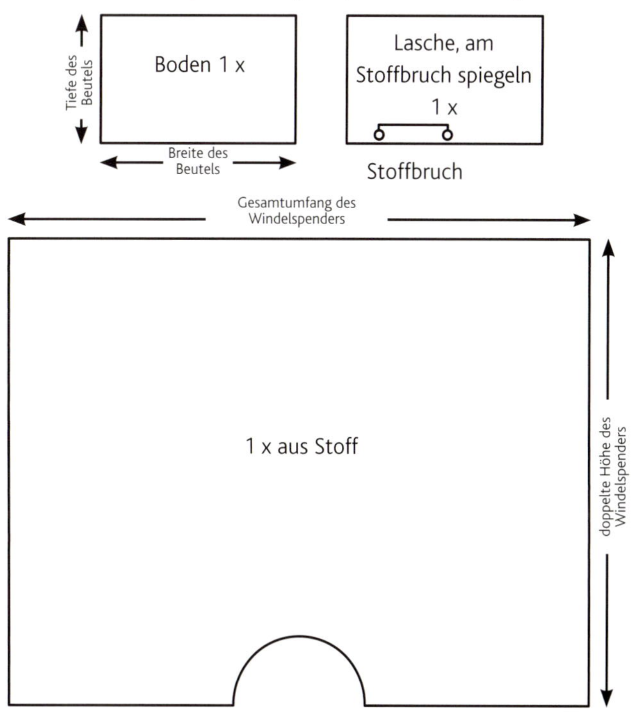

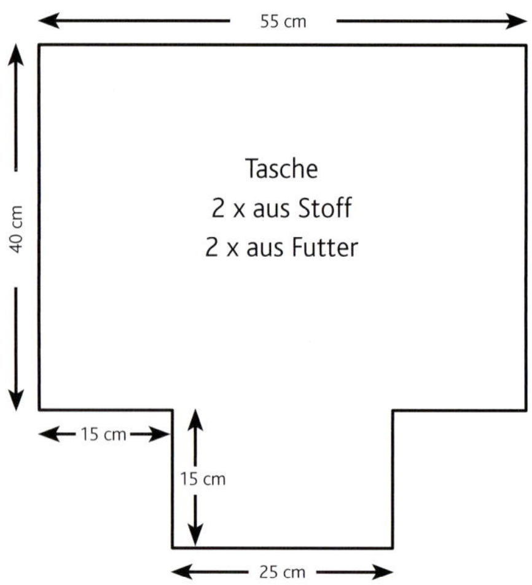

Wickeltasche
(Maße beachten)

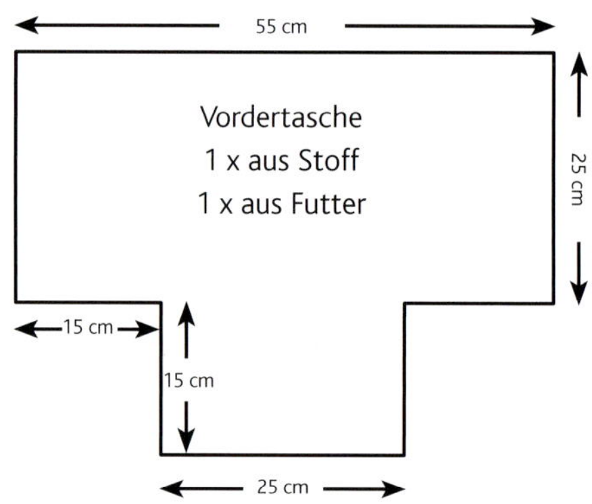

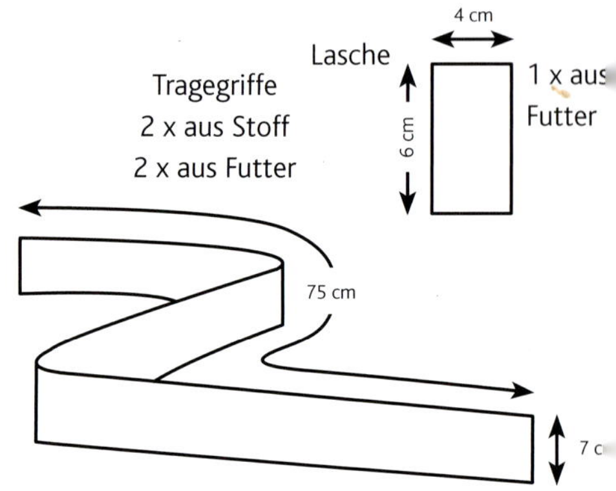

Spielhose
(auf 400% vergrößern)

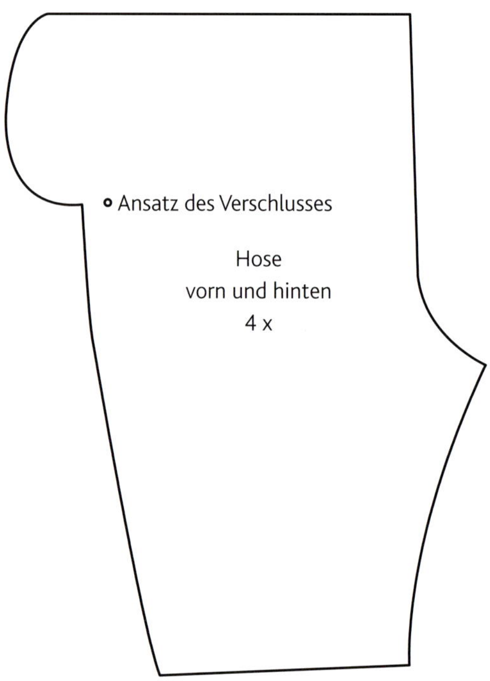

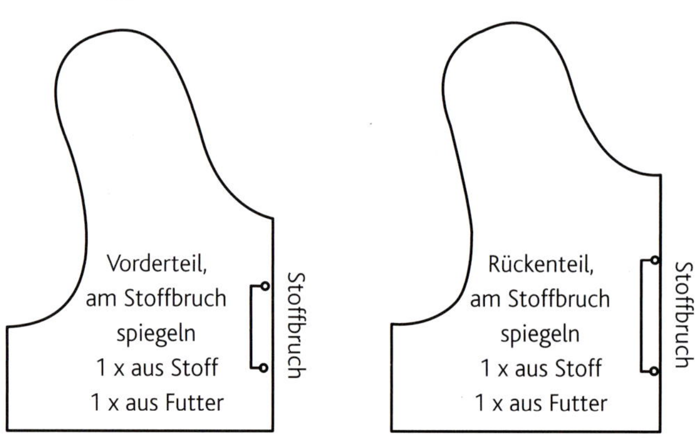

Filzpantoffeln (auf 400% vergrößern)

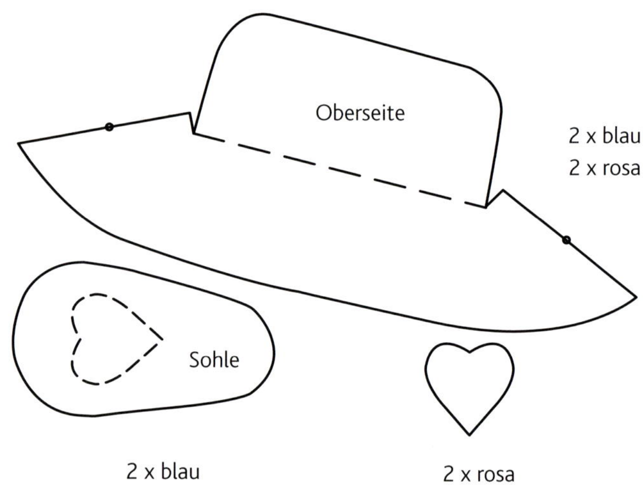

Fleece-Mantel (auf 400% vergrößern)

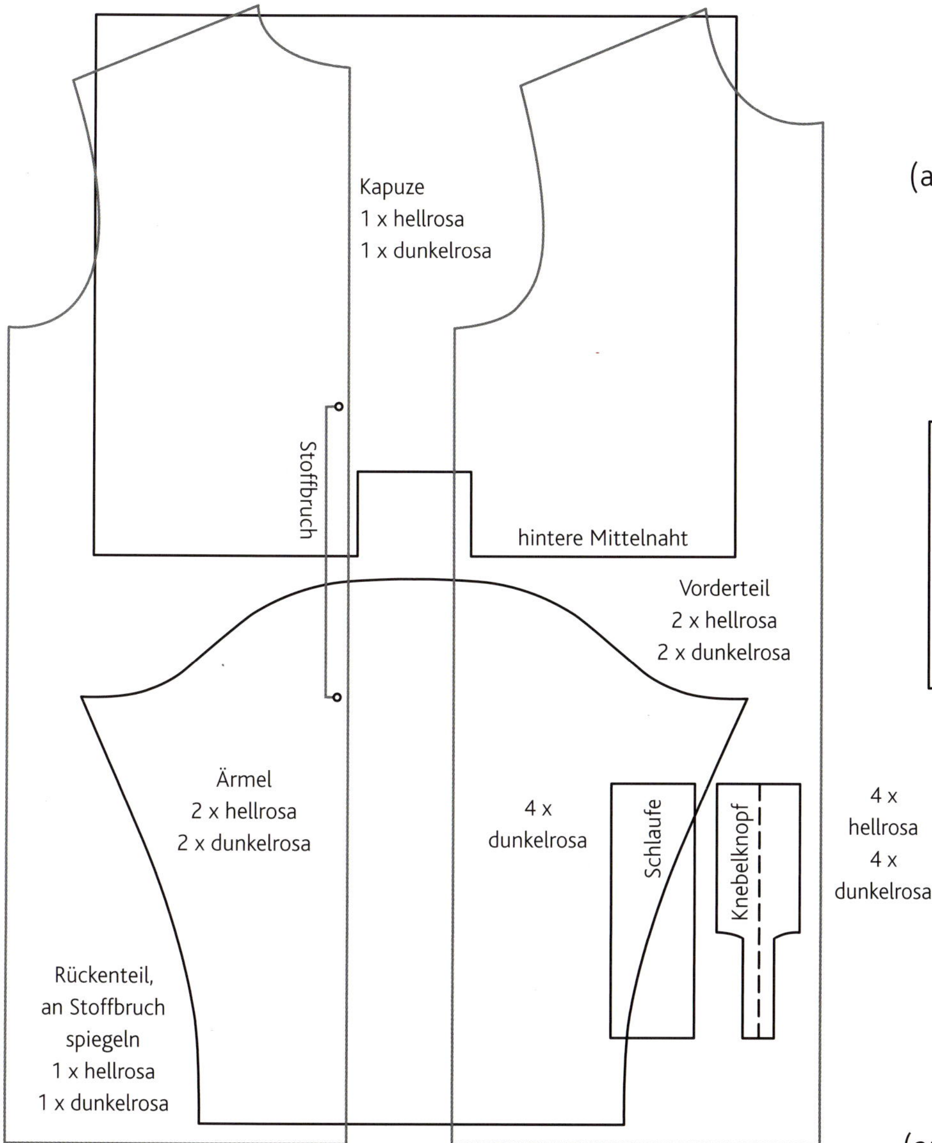

Weiche Spielwürfel (auf 400% vergrößern)

Stern
2 x pro
Würfel

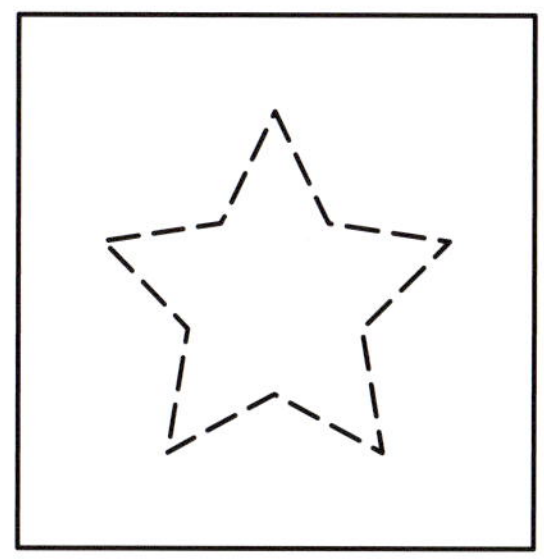

Quadrat
6 x pro
Würfel

Utensilo (auf 400% vergrößern)

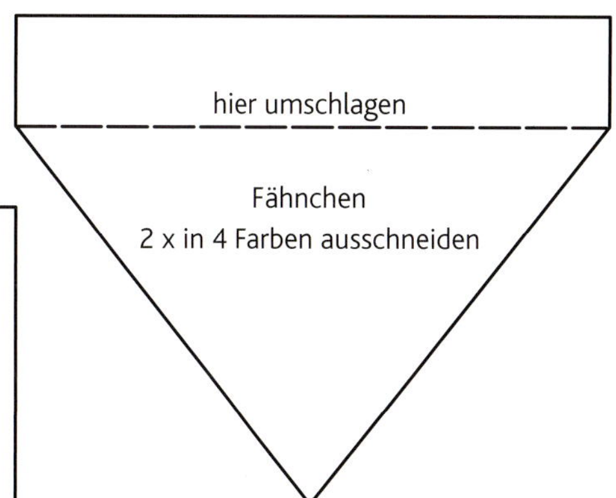

Gepolsterter Kleiderbügel (auf 400% vergrößern)

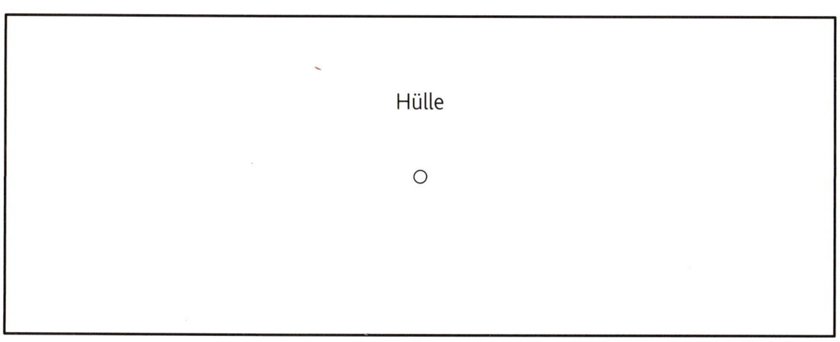

Register